"十三五"江苏省高等学校重点教材（2019-1-101）
国家级一流本科会计学专业系列教材

成本会计学习指导

第 3 版

主　编　侯晓红　林爱梅
参　编　李秀枝　张亚杰
　　　　高燕燕　姚　圣

机械工业出版社

本书为《成本会计学》(第4版)的配套学习指导用书,与主教材的篇章保持一致,在编写时力求体现以下特点:①结构合理,便于复习。②题型全面,针对性强。③内容全面,启发性强。总之,本书通过大量的习题,使读者边学边练,有助于读者理解和掌握成本会计的理论与方法。

本书既可作为高等院校会计学专业和其他工商管理类专业开设"成本会计"课程及高等教育自学考试的辅助教材,也可作为企业财会人员和各类经济管理人员自学"成本会计"的参考用书。

图书在版编目(CIP)数据

成本会计学习指导/侯晓红,林爱梅主编. —3 版. —北京:机械工业出版社,2021.4(2025.1重印)
国家级一流本科会计学专业系列教材
ISBN 978-7-111-67908-0

Ⅰ.①成… Ⅱ.①侯…②林… Ⅲ.①成本会计-高等学校-教学参考资料 Ⅳ.①F234.2

中国版本图书馆 CIP 数据核字(2021)第 057285 号

机械工业出版社(北京市百万庄大街22号 邮政编码100037)
策划编辑:刘鑫佳　　责任编辑:刘鑫佳
责任校对:梁　倩　　封面设计:鞠　杨
责任印制:常天培
固安县铭成印刷有限公司印刷
2025年1月第3版第2次印刷
184mm×260mm・12.75 印张・301 千字
标准书号:ISBN 978-7-111-67908-0
定价:39.80元

电话服务　　　　　　　　网络服务
客服电话:010-88361066　　机 工 官 网:www.cmpbook.com
　　　　　010-88379833　　机 工 官 博:weibo.com/cmp1952
　　　　　010-68326294　　金 书 网:www.golden-book.com
封底无防伪标均为盗版　机工教育服务网:www.cmpedu.com

序

中国矿业大学会计学专业1983年开始招收本科生，2003年成为江苏省首批"高等学校品牌专业建设点"，2006年被正式授予省级"品牌专业"称号，2010年被教育部、财政部遴选为"高等学校特色专业建设点"，2012年成为江苏省高等学校本科"工商管理类重点专业"的核心专业，2019年被教育部遴选为中央赛道的"国家一流本科专业建设点"。会计学学科1993年获"会计学"（学术型）硕士学位授予权，2011年获"会计"专业硕士（MPACC）学位授予权，2013年在管理科学与工程一级学科下自主增设"财务管理系统工程"二级学科博士点，已经形成了本科、专业型硕士、学术型硕士和博士研究生多层次人才培养格局。为进一步提升中国矿业大学会计学专业本科人才培养质量，彰显中国矿业大学会计学专业"立信创行"人才培养特色，扩大中国矿业大学会计学专业办学示范效应和社会声誉，建设国家级一流本科会计学专业，我们组织编写和修订了这套国家级一流本科会计学专业系列教材。

本系列教材包括《基础会计学》《中级财务会计》《成本会计学》《高级会计学》《财务管理学》《管理会计》《审计学》7本主教材及其配套的学习指导，编写和修订的指导思想是：紧密结合中国会计改革与发展实践，适应经济全球化与人工智能时代对会计教育提出的挑战，遵循会计学专业本科教育规律，满足中国特色社会主义市场经济对会计人才的需求。各教材编写和修订力求做到"全、准、新、中、顺"，服务中国矿业大学会计学国家级一流本科专业培养目标。编写和修订的具体思路是：

（1）基础性与前瞻性并重。本系列教材编写和修订既注重对各学科基础知识、基本理论和基本技能的全面介绍与准确表述，又重视科学预测与概括经济全球化、知识经济与人工智能时代各学科最新的发展动态，确保系列教材的知识含量与理论高度，以教材内容的全面性、准确性和前瞻性保证教材的稳定性。

（2）本土性与时代性并重。本系列教材编写和修订既立足于中国会计改革实践，遵循会计实际工作经验与规律，又兼顾国际会计趋同需要，实现会计国家特色与国际化的协调。同时，依照中国特色社会主义市场经济建设对高质量会计专业人才的培养需求，结合各教材特点，尽可能增加各教材的思政元素，确保系列教材的本土性与时代性特色。

（3）系统性、综合性与研究性并重。本系列教材编写和修订既突出各学科理论体系的完整性和系统性，又考虑会计学专业各主干学科之间的内在逻辑联系，强调各教材内容的衔接性、互补性和综合性。各教材章节编排力求按问题提出、理论介绍、模型推演、案例分析的研究型教学范式进行编写与修订，实现系统性、综合性和研究性"三性"统一，提升系列教材的高阶性、创新性和挑战度。

由于水平和经验有限，在系列教材的编写过程中对一些问题的认识还不够深刻，各教材均可能存在不成熟或谬误之处，恳请读者批评指正。

中国矿业大学国家级一流本科会计学专业系列教材编审委员会

前 言

《成本会计学习指导》（第3版）是《成本会计学》（第4版）（以下简称主教材）的配套学习用书，是"十三五"江苏省高等学校重点教材。本书依据价值塑造、能力培养和知识传授三位一体的教学理念，注重成本核算与成本管理的基本概念、基本理论、基本方法的理解和训练，以帮助学生系统地掌握成本会计知识；注重成本核算与成本管理理论和方法的应用能力锻炼，以培养学生解决复杂成本会计问题的创新能力和思维能力；注重会计职业道德和职业素养的培养，以培养学生具有良好的职业道德和社会责任心。本书的目标在于让学生成为睿智和博闻的成本会计信息提供者和使用者。本书具有如下特色：

（1）结构合理，便于复习。本书每章由学习目的与要求、学习重点与难点、基本名词概念、练习题和练习题参考答案构成。学习目的与要求概括了本章在整个教材体系中的地位和学习的基本要求；学习重点与难点是在主教材内容的基础上，提炼出重点和难点问题，便于自学；基本名词概念是每章核心概念的解释，有助于对各章内容的理解；练习题则提供了较多的练习机会，既有基础性的习题，也有综合性和挑战性的习题，通过练习加强记忆和理解，有助于提高学习效果。

（2）知识点全面，注重基础性。本书注重对成本会计的基本概念、基本理论、基本方法和基本技能的掌握，所有习题都紧密围绕每章的学习目标，确保对成本会计知识的全面训练和掌握。练习中设有单项选择题、多项选择题、判断题、业务题、简答和讨论题以及案例分析等多种题型，以确保学生对成本会计知识的全面掌握。

（3）启发性强，注重能力培养。本书注重设计成本核算方法选择及其对会计信息影响的习题，以帮助学生理解成本会计信息的经济后果性；注重设计成本信息对企业决策影响的习题，以帮助学生理解成本信息对企业决策的重要性，使学生更好地理解成本会计与财务会计和管理会计的桥梁作用，同时培养学生解决成本会计核算与成本管理复杂问题的综合能力和高阶思维能力。同时，本书还设有简答与讨论题，有助于扩展学生的学习能力和思维能力，锻炼学生的沟通能力和交流技巧。

（4）综合性强，注重会计职业道德培养。本书在习题设计方面注重将会计职业道德的内容融进习题中，使学生明确在哪些知识点可能面临会计职业道德问题，会计职业道德问题方面的习题与案例贯穿于成本核算内容的每一章中。

（5）实践性强，注重管理者素质培养。本书的许多习题和案例来自对实践的总结，在习题和案例的描述过程中包括了问题产生的背景、问题的解决过程、问题解决过程中的利益冲突以及问题解决方法等，可以在做习题和案例分析的过程中培养学生解决成本会计实际问题的综合能力，同时培养学生的管理能力。

（6）课程网站和资源。本书是江苏省精品课程和中国矿业大学国家级一流本科课程培育项目"成本会计"课程的配套用书，该课程有配套建设的在线开放课程，包括与本教材配套的教学视频、教学课件、随堂测试习题、讨论题目、单元测验和阅读材料等学习资源。同时，本书还配有与习题配合使用的 Excel 电子数据模板供学生解题时使用。

根据主教材的修订，会计学人才培养由核算型向管理型转变的需要，以及加强会计人才职业道德和素养的培养，本次修订的内容如下：

(1) 在第一章习题中增加了与价值链各阶段相关联的成本会计习题，增加了基于格力电器成本管理实践材料进行的价值链全流程成本管理与现代成本会计关系的讨论，可以使学生们更好地理解成本会计的含义以及成本会计的实践。

(2) 在第二章中增加了更多的简答与讨论题，可以使学生们更好地理解成本会计系统的内涵以及成本会计实践中的基本问题。

(3) 在第三章中增加了服务型企业和商品销售型企业的成本分类习题，增加了集成本核算制度选择、成本核算账户设置、成本核算程序设计和成本核算方法选择于一体的案例分析。

(4) 在第四章中增加了基于企业实践的简答与讨论题，涉及辅助生产费用分配方法的选择和材料费用分配方法的选择。

(5) 在第五章中增加了关于约当产量对会计信息影响的习题，增加了一个约当产量引发的道德问题的案例，增加了基于獐子岛事件改编的有关完工产品和在产品成本划分中的道德问题的案例。

(6) 在第六章中增加了企业生产特点和生产组织特点，以及主要行业特征对成本计算方法选择的简答与讨论题。

(7) 在第七章中增加了服务型组织分批成本法的习题，增加了分批成本法引发的道德问题案例。

(8) 在第八章中增加了联产品分配方法选择及其所涉及的会计职业道德问题的案例。

(9) 在第九章中将案例二、案例三和案例四中涉及的问题进行了进一步细化，不仅能使学生解答案例中问题，更能引导学生从案例中学到解决问题的方法，启发学生拓展在成本会计实践工作中的应用能力。

(10) 在第十章中增加了一个涵盖目标成本管理全过程的案例分析。

(11) 在第十一章中对作业成本体系中的标准成本制定与成本差异计算，以及 ERP 中的标准成本制定与分析进行了重点和难点分析。

除此，本次修订对各章的客观题都进行了增加，还对一些错误进行了更正，删除了一些不适用的内容，并对有些章节内容进行了重新编写。

本书由侯晓红和林爱梅任主编。各章执笔人如下：第一、二、三、四、九、十和十三章由侯晓红撰写；第六、七、八章由林爱梅撰写；第十四章和第十六章由姚圣撰写；第十一章由张亚杰撰写；第五章和第十二章由高燕燕撰写；第十五章由李秀枝撰写。全书由侯晓红和林爱梅修改、补充和总纂。

由于作者水平有限，书中难免有错误和不足之处，恳请广大读者批评指正。

编　者

目 录

序
前言

第一篇 总 论

第一章 成本会计概述 ·· 3
    学习目的与要求 ·· 3
    学习重点与难点 ·· 3
    基本名词概念 ··· 4
    练习题 ·· 4
    练习题参考答案 ·· 8

第二章 成本会计系统 ·· 9
    学习目的与要求 ·· 9
    学习重点与难点 ·· 9
    基本名词概念 ··· 10
    练习题 ·· 10
    练习题参考答案 ·· 12

第二篇 成本核算

第三章 成本核算概述 ·· 17
    学习目的与要求 ·· 17
    学习重点与难点 ·· 17
    基本名词概念 ··· 19
    练习题 ·· 19
    练习题参考答案 ·· 26

第四章 费用在各种产品之间的归集和分配 ·· 28
    学习目的与要求 ·· 28
    学习重点与难点 ·· 28
    基本名词概念 ··· 32
    练习题 ·· 33
    练习题参考答案 ·· 46

第五章 完工产品和在产品成本的划分 ··· 49
    学习目的与要求 ·· 49

学习重点与难点 ··· 49
　　　基本名词概念 ··· 51
　　　练习题 ··· 51
　　　练习题参考答案 ··· 59

第六章　产品成本计算方法概述 **60**
　　　学习目的与要求 ··· 60
　　　学习重点与难点 ··· 60
　　　基本名词概念 ··· 60
　　　练习题 ··· 61
　　　练习题参考答案 ··· 64

第七章　产品成本计算的基本方法 **66**
　　　学习目的与要求 ··· 66
　　　学习重点与难点 ··· 66
　　　基本名词概念 ··· 69
　　　练习题 ··· 70
　　　练习题参考答案 ··· 92

第八章　产品成本计算的辅助方法 **94**
　　　学习目的与要求 ··· 94
　　　学习重点与难点 ··· 94
　　　基本名词概念 ··· 96
　　　练习题 ··· 96
　　　练习题参考答案 ·· 105

第三篇　成 本 管 理

第九章　作业成本计算与作业成本管理 ·· **111**
　　　学习目的与要求 ·· 111
　　　学习重点与难点 ·· 111
　　　基本名词概念 ·· 112
　　　练习题 ·· 112
　　　练习题参考答案 ·· 135

第十章　生命周期成本、目标成本与约束理论 ·· **139**
　　　学习目的与要求 ·· 139
　　　学习重点与难点 ·· 139
　　　基本名词概念 ·· 141
　　　练习题 ·· 141
　　　练习题参考答案 ·· 151

第十一章　标准成本制度 **153**
　　　学习目的与要求 ·· 153
　　　学习重点与难点 ·· 153

  基本名词概念 · 158
  练习题 · 158
  练习题参考答案 · 162

第十二章　质量成本管理 · 163
  学习目的与要求 · 163
  学习重点与难点 · 163
  基本名词概念 · 164
  练习题 · 164
  练习题参考答案 · 169

第十三章　供应链成本管理 · 170
  学习目的与要求 · 170
  学习重点与难点 · 170
  基本名词概念 · 172
  练习题 · 173
  练习题参考答案 · 174

第十四章　环境成本管理 · 175
  学习目的与要求 · 175
  学习重点与难点 · 175
  基本名词概念 · 177
  练习题 · 177
  练习题参考答案 · 178

第十五章　人力资源成本的核算与管理 · 179
  学习目的与要求 · 179
  学习重点与难点 · 179
  基本名词概念 · 182
  练习题 · 183
  练习题参考答案 · 185

第十六章　成本报表的编制和分析 · 186
  学习目的与要求 · 186
  学习重点与难点 · 186
  基本名词概念 · 189
  练习题 · 189
  练习题参考答案 · 192

参考文献 · 194

第一篇 总论

第一章 成本会计概述
第二章 成本会计系统

第一部

第一章

成本会计概述

学习目的与要求

本章主要阐述成本会计的基本理论问题。

学习本章，要掌握成本的含义，理解成本会计在不同时期的含义，了解成本会计与财务会计和管理会计的关系，明确成本数据在企业管理中的应用，理解成本会计人员的职业道德及道德冲突的解决方法。

学习重点与难点

1. 成本的含义

（1）广义成本是指为了达到特定目的而已经发生或可能发生的以货币计量的牺牲。

（2）产品成本的经济内涵是指商品价值中物化劳动转移价值和活劳动中必要劳动所创造价值的货币表现，也称为产品的"理论成本"。

（3）产品成本的实际含义，是以产品的理论成本为基础，考虑到成本的广义含义，以国家统一制定的产品成本开支范围确定的法定内容计算并登记入账的现实成本，也称财务成本。

2. 成本会计的含义

（1）早期成本会计，主要是指为提供工厂管理当局决定经济的、有效的和有利的产销政策的依据，系统地记录某一工厂生产和销售产品时所发生的一切费用，并确定各种产品或服务的单位成本和总成本，强调的是成本的事后计算。

（2）近代成本会计，主要是指应用泰勒的科学管理学说，对企业的材料消耗和人工消耗采用标准成本控制，对企业的制造费用采用预算控制，并根据制造费用的性质，对变动性费用采用弹性预算控制方法，对固定性费用采用固定预算方法控制，强调了在生产过程中以标准成本和预算对实际发生的费用进行控制。

（3）现代成本会计，主要是指按照成本最优化的要求，对企业生产经营活动过程中所发生的成本，进行有组织、有系统地预测、决策、计划、控制、核算、分析和考核，加强了以目标成本为主的事前成本控制，广泛应用管理科学的成果，强调成本的预测、规划及决策，实行最优化控制。

（4）当代成本会计，主要是指随着高新技术的广泛应用和可持续发展理念的影响，完善了质量成本会计，实行了以作业为基础的成本计算制度与管理，拓展了企业成本管理的空间，实行了供应链成本管理，强化了环境成本管理和人力资源成本管理。

（5）正在变化的企业环境，影响当今成本会计的发展趋势，主要包括从工业经济向服务经济的转变、全球竞争、技术进步和流程再造。

3. 成本会计与财务会计和管理会计的关系

成本会计是财务会计与管理会计的桥梁，成本会计为财务会计提供销售成本和存货价值等成本信息，为管理会计提供经营决策所用的成本信息；为财务会计提供的成本信息必须遵守公认的会计原则，而为管理会计提供的信息不需要遵守公认的会计原则，但要满足经营决策的需要。

4. 成本数据在管理中的应用

（1）成本数据在决策中的应用。

（2）成本数据在业绩评价与预算中的应用。

（3）成本数据在组织创造价值中的应用。

5. 会计人员的职业道德

会计人员的职业道德包括对会计人员应具备的专业能力、保密性、诚实正直和客观性的基本要求。

基本名词概念

（1）价值链是指增加一个企业的产品或服务实用性（或价值）的一系列活动。这些活动被顾客认为能增加他们所购买的商品或服务的效用，因而也被称为增值活动。

（2）道德行为包括选择"正确""恰当"和"合理"的行为。

练 习 题

一、单项选择题

1. （　　）构成产品的理论成本。
   A. 已耗费的生产资料转移价值　　B. 劳动者为自己劳动所创造的价值
   C. 劳动者为社会劳动所创造的价值　D. A 和 B 均是

2. 一般来说，实际工作中的成本开支范围与理论成本包括的内容（　　）。
   A. 是有一定差别的　　　　　　B. 是相互一致的
   C. 是不相关的　　　　　　　　D. 是相互可以代替的

3. 下列各项中，不属于产品实际成本内容的是（　　）。
   A. 原材料费用　　　　　　　　B. 生产工人工资
   C. 废品损失　　　　　　　　　D. 期间费用

4. 成本会计是为了（　　）而产生的，因此主要强调了成本的事后计算。
   A. 加强成本控制　　　　　　　B. 加强成本的预测与决策
   C. 制定产销政策提供参考　　　D. 评价经营者的业绩

5. 目标成本计算是（　　）的一项主要内容。
   A. 早期成本会计　　　　　　　B. 近代成本会计
   C. 现代成本会计　　　　　　　D. 质量成本会计

6. 格力电器公司处理客户投诉的成本属于价值链中的（　　）环节。
   A. 研究开发　　　　B. 营销　　　　C. 设计　　　　D. 顾客服务

二、多项选择题

1. 成本会计人员的职业道德主要包括（　　）。
   A. 专业能力　　　B. 保密性　　　C. 诚实正直　　　D. 客观性
2. 现代成本会计主要实现了（　　）。
   A. 成本的事后计算　　　　　　B. 成本的事中控制
   C. 成本的事前控制　　　　　　D. 成本的计划
3. 成本数据在企业管理中的应用主要体现在（　　）。
   A. 为企业创造价值　　　　　　B. 为企业经营决策提供依据
   C. 为评价经营者的业绩提供依据　D. 为企业的筹资决策提供依据
4. 现代成本会计的内容主要包括了（　　）。
   A. 责任成本计算　　　　　　　B. 质量成本计算
   C. 目标成本计算　　　　　　　D. 成本的预测与决策
5. 近代成本会计的主要内容包括（　　）。
   A. 标准成本控制　　　　　　　B. 作业成本计算与管理
   C. 预算控制　　　　　　　　　D. 变动成本计算
6. 下列发生的哪些成本属于价值链中营销环节发生的费用（　　）。
   A. 华为公司为手机 P40 做的电视广告所花费的成本
   B. 恒瑞制药公司为解答顾客关于药品用法、副作用等相关问题的免费咨询热线的成本
   C. 肯德基快餐店儿童套餐中附赠玩具的成本
   D. 三全食品公司支付研制新水饺的饮食专家的工资

三、判断题

1. 价值链是指增加一个企业的产品或服务实用性（或价值）的一系列活动，这些活动分为增值活动和非增值活动。（　　）
2. 广义成本的概念是指为了达到特定目的，已经发生或可能发生的以货币计量的牺牲或耗费，因此固定资产的毁损是属广义成本。（　　）
3. 实际工作中的产品成本和理论上的产品成本是完全相同的。（　　）
4. 废品损失是不形成产品价值的损失，因而不应计入产品成本。（　　）
5. 季节性和修理期间的停工损失，虽然不形成产品价值，但也应该计入产品成本。（　　）
6. 成本会计为管理者提供的成本信息必须遵守公认的会计原则。（　　）

四、业务题

1. Marcia Miller 是 Ramses 鞋业公司分部的会计主管，Tom Maloney 是这个分部的经理。Miller 直接对 Maloney 负责，但是她又对总公司的会计主管负责。

分部经理 Maloney 正在为如何实现分部今年的预算收入而承受着巨大的压力。他曾让 Miller 在本年度 12 月 31 日记一笔价值 200 000 美元的销售收入。客户的订单是确定的，而鞋子却正在生产过程中。这些鞋子将在次年 1 月 4 日运走。Maloney 对 Miller 说："关键是得到了鞋子的订单，而不是发出鞋子。你应当支持我，不要阻止我达到分部的预算目标。"

要求：

（1）说明 Miller 的道德责任。

（2）如果经理 Maloney 给会计主管 Miller 下达命令，让她来记这笔账，Miller 应该怎么做？

2. Jorge Michaels 是芝加哥 Fiesta Foods 公司（一家迅速成长的墨西哥食品的制造与销售公司）的会计主管。Michaels 正在考虑购买一个新的成本管理软件包，以供公司的六个制造工厂和许多销售人员使用。他考虑了四个主要的竞争产品。

Horizon 1-2-3 公司是一家有竞争力的软件制造商，它将 Fiesta Foods 公司视为一个机会点。每隔六个月 Horizon 公司都会在加勒比海地区举行一个用户会议。每一次会议都有专门的休息和娱乐时间。Horizon 公司给 Michaels 提供了一个免费去墨西哥的坎昆地区参加用户会议的机会。Michaels 接受了这个邀请，他相信同其他用户讨论一下 Horizon 公司的软件会是很有用的，并且因为他在坎昆地区有很亲近的亲戚，所以他特别盼望着这次旅行。

离开芝加哥之前，Michaels 会见了 Fiesta Foods 公司的总裁。总裁把一封写给他的匿名信给 Michaels 看了，信里说 Horizon 公司在 Fiesta Foods 公司购买软件方面受到了特殊的优惠。这封信还特别提到：Michaels 将在芝加哥深冬的时候到坎昆地区免费旅行。Michaels 被激怒了。Michaels 解释说他还没有作决定，并且他相信他有能力根据每个产品的价值做出公正的选择（Fiesta Foods 公司现在没有一个正式的职业道德准则）。

要求：

（1）你是否认为 Michaels 在即将到来的免费参加 Horizon 公司用户会议的问题上，正面临着道德问题？

（2）当正在进行购货谈判时，Fiesta Foods 公司是否应该同意经理们参加用户会议？

（3）你会建议 Fiesta Foods 公司制定一份道德准则，来应付类似的情况吗？设立道德准则的支持和反对意见分别是什么？

3. Harvest Day 公司是一家出版商业杂志的公司。公司的股东正在等待于 12 月 31 日结束的会计年度的盈余公告。市场分析师预测每股盈余大约为 1.34 美元。公司的 CEO（首席执行官）预计每股盈余仅为 1.20 美元，他知道这会引起股票价格下跌。CEO 向各位经理提议使用下面的方法增加年末报告的盈余。

（1）将 12 月取消的订阅推迟记入次年的 1 月。

（2）等到新的会计年度才升级办公计算机软件。

（3）将未赚取的订阅收入（提前收到的杂志订阅现金，杂志在以后送出）确认为当月收入（正好在会计年度结束前），而不是将其记作一项负债。

（4）将办公用品的采购记录推迟至年度结束后。

（5）将次年 1 月的广告收入计入 12 月。

（6）等到会计年度结束后再进行建筑物维修。

（7）将固定资产折旧方法从余额递减法转为直线折旧法以减少当年的折旧费。

要求：

（1）为什么 Harvest Day 公司的 CEO 想"管理"盈余？

（2）从会计师职业道德的观点来看，上面（1）~（7）项中哪些是可以接受的，哪些是不可以接受的？

（3）总会计师应该对 CEO 的建议做何反应？如果 CEO 拒绝接受他的建议，总会计师该怎么办？

五、简答与讨论题

1. 说明成本的含义。
2. 成本会计的发展经历了哪几个阶段？成本会计的发展有什么特点？
3. 成本数据在企业管理中的应用主要体现在哪些方面？
4. 成本会计人员的职业道德规范及职业道德冲突的解决方法主要有哪些？
5. 说明成本会计与财务会计和管理会计的关系。
6. 正在变化的企业环境对企业成本会计有何影响？
7. 通过互联网找出三家公司的道德标准。这些标准有何不同？你认为哪个最好？为什么？
8. 会计作为一个讲究伦理道德的职业已经存在很长时间了。然而，近年来一些公司要求它们的会计帮助"管理盈余"。

（1）"管理盈余"意味着什么？

（2）请列出被指控"管理盈余"的几家公司。

（3）你认为"管理盈余"是合乎道德的吗？请说明理由。

9. 根据下面的内容，说明基于价值链的全流程成本控制与现代成本会计的关系。

格力电器年报（2018）关于企业下一年的工作重点有如下一段描述：建立和完善成本管控手段，以创造产品价值最大化为目标，实施产品全流程成本控制。设计成本方面，从设计理念和方向抓起，对设计结构和材料进行革新性成本研究；生产成本方面，加强对生产各个环节存在的成本浪费进行分析与改进，降低制造成本；采购成本方面，严格筛选供应商，彻底解决独家供货问题，充分发挥集中采购优势，制定合理的采购价格；营销服务成本方面，进一步创新营销体系，提高售后服务人员安装维修技能，推进售后服务标准化，让产品走进消费者的心里，降低营销服务成本；仓储成本方面，强化仓库库存合理化分析，优化布局及使用效率，全面提升仓库物资周转率，进一步降低仓储成本。

六、案例分析

2014 年 6 月，Vartan 政府招标建设移动电话网络。一家有经验的通信公司 ZenTel 急于进入基础设施比较差的国家的移动电话网络成长领域。如果 ZenTel 赢得了这些早期的合同，它就可以获取实地经验和专长。在仔细分析之后，公司编制了详尽的投标书，使边际利润只有通常的一半，并保证在两年或更短的时间内完成项目。公司在最后期限前向 Vartan 政府通信部递交了几百万美元的投标书，并收到通知，确认 Vartan 政府已经收到了投标书。此后，公司虽然多次给通信部发传真、电子邮件，还多次打电话，但没有收到

Vartan 政府关于投标或项目的消息。

公司的全球业务副总裁史蒂夫·陈与美国驻 Vartan 大使馆的商务专员联系。专员建议陈最好亲自去 Vartan，并设法与通信部副部长会晤。陈为行程做了精心准备，反复阅读了投标计划，确保理解了所有细节。

在 Vartan 首都的商务专员办公室，陈焦急不安地等待通信部副部长和其助手的到来。陈带着很清楚的谈判战略来到 Vartan，要设法赢得投标。不久，副部长和其助手来了。相互介绍和寒暄之后，副部长问了几个有关 ZenTel 公司和投标的问题，然后借故离开，留下助手与陈继续交谈。助手清楚地表明还有许多来自世界各地的竞争投标后说："陈先生，如果你付 100 万美元的佣金，我保证 ZenTel 公司中标。当然，你们出色的标书不需要做任何改变。"陈清楚这样的"佣金"其实就是贿赂。他委婉地指出，美国法律和公司政策禁止支付这样一笔佣金。助手祝陈过得开心，返程愉快，然后就离开了。

讨论：

(1) 作为 ZenTel 公司的股东，你是否同意公司支付那笔"佣金"？

(2) 史蒂夫·陈把他的经历告诉他的朋友汉克·肖恩，后者管理着另一家公司的全球业务发展。汉克说如果这么做符合当地风俗的话，他的"个人哲学"是支付那笔佣金。你同意汉克的看法吗？请解释。

(3) 为什么 ZenTel 的公司政策反对这种支付？

(4) 史蒂夫·陈下一步应该做什么？

练习题参考答案

一、单项选择题

题号	1	2	3	4	5	6
答案	D	A	D	C	C	D

二、多项选择题

题号	1	2	3	4	5	6
答案	ABCD	ABC	ABC	ABCD	AC	AC

三、判断题

题号	1	2	3	4	5	6
答案	×	×	×	×	√	×

四、业务题（略）

五、简答与讨论题（略）

六、案例分析（略）

第二章 成本会计系统

 学习目的与要求

本章主要阐述成本会计系统的内容。

学习本章，要掌握成本会计信息系统的目标和成本报告的内容，明确成本管理系统的意义和内容，熟悉成本会计组织系统的内容，掌握成本会计的基础工作。

学习重点与难点

1. 成本会计信息系统

（1）成本会计信息的目标，主要包括提供存货价值和完工产品成本的信息，提供生产控制所需的成本信息，提供战略管理决策所需的成本信息。

（2）成本信息的质量要求，主要包括真实可靠性、管理有用性、可比性、及时性、重要性和稳健性。

（3）企业的成本报告一般分为两类：一类是日常的生产成本报告，主要反映企业最主要的成本信息；另一类是根据企业成本管理的特殊要求编制的成本报告，主要用来考核和分析企业有关成本管理目标完成情况的报告。

2. 成本会计管理系统

成本管理系统的构成，也是企业成本管理应具备的基本职能，主要有成本预测、成本决策、成本计划、成本控制、成本核算、成本分析和成本考核。上述各项职能是相互联系，互为条件，相辅相成的。成本预测是成本决策的前提；成本决策是成本预测的结果，又是制定成本计划的根据；成本计划是成本决策的具体化；成本控制是对成本计划的实施进行监督，是实现成本决策既定目标的保证；成本核算是成本会计的最基本职能，提供企业管理所需的成本信息资料，是发挥其他职能的基础，同时也是对成本计划是否得到实现的最后检验；成本分析和成本考核是实现成本决策目标和成本计划的有效手段。

3. 成本会计组织系统

（1）成本会计机构，主要包括成本会计的职能机构，成本归口管理部门和班组核算单位。从成本会计机构的构成及其管理和控制的指标中，可以再一次体会到产品成本是反映企业工作质量的综合指标。全面提高企业的成本管理水平，必须同时从技术与经济、增产与节约的不同方面着手。

（2）成本会计人员，首先应具备会计职业道德，不仅要具备会计和财务管理知识，还应具备经营管理知识，熟悉生产技术，掌握现代成本会计的理论和方法，学会分析，学会预测，学会决策，并且还应具备较强的电子计算机的信息处理能力、企业战略管理能力和领导能力。

(3) 成本会计的基础工作，包括建立健全原始记录，建立健全计量验收制度，建立健全定额管理制度。

基本名词概念

(1) 成本会计制度是指组织和从事成本会计工作必须遵循的规范和具体依据。

(2) 集中核算的成本会计管理制度是指企业一级的成本会计机构集中承担和处理企业的全部成本核算工作。

(3) 非集中核算的成本会计管理制度是指企业一级成本会计管理机构负责组织、领导、协调和管理企业的各级成本核算工作，具体的成本核算，由不同职能部门的成本会计人员来承担和处理。

(4) 定额是指企业在生产经营过程中，对人力、物力、财力的利用应达到的标准。

练 习 题

▶ 一、单项选择题

1. 在成本管理的各项职能中，属于基础职能的是（　　）。
   A. 成本预测　　　　　　　　B. 成本决策
   C. 成本控制　　　　　　　　D. 成本核算
2. 正确计算产品成本，应做好的基础工作是（　　）。
   A. 正确划分各种费用的界限　B. 确定成本计算对象
   C. 建立健全原始记录工作　　D. 确定成本项目
3. 成本会计的基础工作包括（　　）。
   A. 设置会计机构量　　　　　B. 配备会计人员
   C. 制定会计制度　　　　　　D. 建立健全定额管理制度
4. 成本会计的职能机构包括（　　）。
   A. 生产部门　　　　　　　　B. 销售部门
   C. 成本核算科　　　　　　　D. 计划管理部门
5. 成本的归口管理部门包括（　　）。
   A. 成本领导机构　　　　　　B. 生产班组
   C. 成本核算科　　　　　　　D. 人力资源部
6. 设备管理部门的职责是（　　）。
   A. 负责劳动力的合理组织　　B. 负责制定物资储备定额
   C. 负责制定设备利用定额　　D. 负责制定各项费用预算

▶ 二、多项选择题

1. 企业定额的制定方法主要有（　　）。

A. 技术计算法 B. 统计分析法
   C. 经验估计法 D. 不确定分析法
2. 企业成本会计的系统主要包括（ ）。
   A. 成本会计信息系统 B. 成本会计管理系统
   C. 成本会计组织系统 D. 成本会计决策系统
3. 关于企业成本报告的下列说法中不正确的有（ ）。
   A. 企业成本报告是企业的内部报告
   B. 企业成本报告是企业的外部报告
   C. 报告的内容及编制要求因企业的成本管理要求不同而不同
   D. 企业成本报告的内容及编制必须符合严格的公认程序
4. 企业成本会计的基础工作主要包括（ ）。
   A. 建立健全计量验收制度 B. 建立健全定额管理制度
   C. 建立健全原始记录 D. 建立健全成本报告制度
5. 采用集中核算的成本会计管理制度，具有的优点是（ ）。
   A. 厂部能及时掌握企业有关成本的全面信息
   B. 便于集中使用计算机进行成本数据的处理
   C. 可以减少成本会计机构和人员
   D. 便于实行责任成本核算
6. 科学合理地组织企业的成本会计工作，必须（ ）。
   A. 设置合理的成本会计机构
   B. 明确企业成本归口管理部门的成本责任
   C. 配备必要的成本会计人员
   D. 建立健全成本会计制度
7. 企业可以制定各种定额，与成本有关的定额是（ ）。
   A. 固定资产利用率 B. 产品合格率
   C. 材料消耗定额 D. 工时定额
8. 成本会计工作的组织包括（ ）。
   A. 成本会计制度 B. 成本会计人员
   C. 成本会计机构 D. 班组经济核算
9. 成本会计制度应该包括的内容是（ ）。
   A. 关于成本核算制度 B. 关于成本考核制度
   C. 关于成本分析制度 D. 关于成本岗位的责任制度
10. 与成本管理有关的规章制度包括（ ）。
    A. 物质盘存制度 B. 材料收发领用制度
    C. 质量检查制度 D. 费用开支规定

三、判断题

1. 成本会计的最终目标就是成本核算，提供成本信息。 （ ）
2. 企业的成本报告主要服务于企业对外公布的财务报告。 （ ）

3. 企业成本的归口管理部门管理和控制的指标都是与成本直接联系的成本指标。
(　　)

4. 企业成本报告的编制及报送必须符合严格的公认程序。　　(　　)

5. 大中型企业一般采用集中核算的成本会计管理制度，中小型企业一般采用非集中核算的成本会计管理制度。　　(　　)

6. 成本会计管理系统中的各项管理职能是相互独立的。　　(　　)

7. 企业成本会计的职能机构是独立于企业会计机构的一个专门部门。　　(　　)

8. 在成本会计管理系统的各项职能中，成本核算是基础。没有成本核算，成本的预测、决策、计划、控制、分析和考核，都无法进行。　　(　　)

9. 企业的会计部门应该承担企业的全部成本职责，其他职能部门没有成本管理的责任。
(　　)

10. 成本管理是一种经济管理工作，与企业的生产、技术和质量等部门的工作没有关系。
(　　)

四、简答与讨论题

1. 简述成本信息的质量要求。
2. 简述成本管理系统的组成及其相互关系。
3. 简述成本会计组织系统包含的内容。
4. 简述成本会计基础工作包括的内容。
5. 成本会计人员为什么要具有战略管理技能和领导能力？
6. 说明成本会计管理系统与现代成本会计的关系。
7. 根据成本会计的发展过程说明成本会计信息的目标。
8. 成本会计领导机构的组成中为什么要有总工程师？
9. 为什么越来越多的企业采用标准成本核算制度？
10. 为什么集团企业大都采用非集中核算的成本会计管理制度？
11. 说明企业应如何进行材料费用的管理？
12. 说明企业应如何加强成本管理？
13. 某小型生产企业，由于考虑成本效益原则，在成本核算工作中存在一些不足，比如材料消耗是根据实际领料数量进行核算，没有考核标准，因而各月之间成本波动较大，而且领用材料计量不够准确，对于不能点数的材料采用目测的方法估算。鉴于存在的问题，企业经理决定进行整改。如果你负责这项工作，请问应该如何整改？

练习题参考答案

一、单项选择题

题号	1	2	3	4	5	6
答案	D	C	D	C	D	C

二、多项选择题

题号	1	2	3	4	5	6	7	8	9	10
答案	ABC	ABC	BD	ABC	ABC	ACD	ABCD	ABC	ABCD	ABCD

三、判断题

题号	1	2	3	4	5	6	7	8	9	10
答案	×	×	×	×	×	×	×	√	×	×

四、简答与讨论题（略）

第二篇 成本核算

第三章　成本核算概述
第四章　费用在各种产品之间的归集和分配
第五章　完工产品和在产品成本的划分
第六章　产品成本计算方法概述
第七章　产品成本计算的基本方法
第八章　产品成本计算的辅助方法

第三章

成本核算概述

  学习目的与要求

从本章开始成本会计的范围限定在工业企业，因为工业企业的成本核算最具代表性，同时也最复杂，其他行业的成本核算在以后章节不涉及。

本章是工业企业成本核算的基本内容、基本要求、基本程序及基本账务处理的总括性的介绍，是后续章节的铺垫和基础，是工业企业成本核算过程的一个整体的架构，或者说是一张地图和行经的路线。它表明成本核算的起点在哪里，必须经过哪些环节，最终到达哪里。因此，学习本章要从整体上来理解，而且必须通过后续章节的学习，最后回过头来才能深刻理解。

学习本章，要熟悉工业企业费用按经济内容与按经济用途分类的意义，熟悉工业企业成本核算的内容，掌握工业企业成本核算的要求，特别是四个费用界限的划分，熟悉工业企业成本核算的账户设置，掌握工业企业成本核算的一般程序，了解制造业、商业和服务业的成本流。

学习重点与难点

一、费用按经济内容的分类

工业企业的各种费用按其经济内容所做的分类，称为费用要素。主要有劳动对象方面的费用、劳动手段方面的费用和活劳动方面的费用三类。将其进一步划分可分为以下费用要素：①外购材料。②外购燃料。③外购动力。④职工薪酬。⑤折旧费。⑥利息支出。⑦其他支出。

二、费用按经济用途的分类

工业企业的各种费用按其经济用途分类，首先应分为制造成本和非制造成本两类。根据生产特点和管理要求，我国工业企业的制造成本一般应该设置三个成本项目：①直接材料。②直接人工。③制造费用。在上述成本项目的基础上，企业可以根据自身的特点进行增设，如外部加工费较多的企业可增设"外部加工费"项目；工艺上耗用燃料和动力较多时，应增设"燃料和动力"项目；废品损失在产品成本中占有一定比例时，应增设"废品损失"项目。

关于上述两种分类，可以这样理解，要素费用是指在生产经营过程中所发生的支出类型；成本项目是指最终构成产品成本的费用支出。它们之间的关系可通过主教材的图 3-1

进行理解与分析。

产品成本项目按有关特性可分为：①直接成本和间接成本。②单要素成本和综合成本。③变动成本和固定成本。

三、成本核算的含义

成本核算是利用会计核算体系，对发生的生产费用进行记录、分类，并采用适当的方法计算出各成本计算对象的总成本和单位成本的过程。在这个过程中实际包括了两个相互关联的过程：①记录消耗。按成本的构成内容对发生的成本进行分类、记录，以反映所发生成本的构成内容，如对发生的材料、人工等消耗进行分类记录等。②成本计算。将汇集的成本分配给各成本计算对象，并采用适当的成本计算方法，计算出特定成本计算对象的总成本和单位成本。

四、成本核算的原则

在成本核算过程中要遵循的一系列原则主要有，实际成本计价原则、成本分期核算原则、合法性原则、重要性原则、一贯性原则和权责发生制原则。

五、成本核算的要求

成本核算的要求主要有四项，其中正确划分各种费用支出的界限是成本核算的关键。

1. 严格执行国家规定的成本开支范围和费用开支标准。
2. 正确划分各种费用支出的界限（四个界限）。

这部分内容是理解本章内容的关键，也是成本核算是否合理与准确的关键，必须对每一界限加以理解。这里应该明确的是，企业发生的各种支出，只有一部分计入产品成本。在这一前提下，再理解各种费用界限的划分。这四个界限为：

（1）正确划分收益性支出与资本性支出的界限。
（2）正确划分产品制造成本与期间费用的界限。
（3）正确划分各种产品成本的界限。
（4）正确划分在产品成本和产成品成本的界限。

以上四个界限划分的总体原则是受益原则，即谁受益，谁承担，承担多少应与受益的多少成正比（广义的配比原则）。

3. 做好各项成本核算的基础工作。

成本核算的基础工作主要包括：

（1）建立和健全有关成本核算的原始记录和凭证。
（2）制定必要的消耗定额。
（3）建立和健全材料物资的计量、验收、入库、发出、盘存等制度。
（4）制定内部结算价格和内部结算制度。

4. 选择适当的成本计算方法。

六、成本核算的账户设置

对于产品的生产过程必须设置有关的账户来核算产品成本。设置的账户主要有：

（1）"生产成本"科目，下设两个二级科目"基本生产成本"和"辅助生产成本"，之后再设明细科目。根据核算的需要，企业也可以将两个二级科目设置为两个一级科目。

（2）"制造费用"科目，按不同的车间、部门设置明细账。

七、成本核算的一般程序

产品成本核算的一般程序的实质就是四个费用界限的划分过程，是整个成本核算的框架，需要深刻地理解。与本书配套的主教材图 3-5 是将成本核算程序，或者说是将四个界限的费用划分赋予了会计科目。主教材图 3-5 中的 1 表示各项支出（包括八大要素费用）作为贷方内容赋予会计科目，如工资赋予"应付职工薪酬"，折旧费赋予"累计折旧"等，主教材图 3-5 中的 2~4 及 6 是将费用界限划分的四个层次纳入同一平面而已，从中也可以看出成本项目内容。

基本名词概念

（1）费用要素是指工业企业的各种费用按其经济内容所做的分类。

（2）成本项目是指对计入产品制造成本中的费用按经济用途进行的分类。

（3）直接成本与间接成本：直接成本是指为某一特定成本计算对象而发生的耗费，可以直接计入特定成本计算对象的成本；间接成本是指两个或两个以上的成本计算对象共同发生的耗费，费用发生时不能直接计入特定的成本计算对象。

（4）单要素成本与综合成本：单要素成本是指由单个成本要素构成的成本；综合成本是指由多个成本要素构成的成本。

（5）资本性支出与收益性支出：资本性支出是指支出所产生的效益与几个会计年度相关的支出；收益性支出是指支出所产生的收益仅与本年会计期间相关的支出。

练 习 题

一、单项选择题

1. 正确计算产品成本，应该做好的基础工作是（　　）。
   A. 正确划分各种费用的界限　　　　B. 确定成本计算对象
   C. 建立和健全原始记录　　　　　　D. 各种费用的分配
2. 下列各项中属于费用要素的是（　　）。
   A. 直接材料　　　　　　　　　　　B. 燃料和动力
   C. 职工薪酬　　　　　　　　　　　D. 制造费用
3. 总额随着业务量的变化而成正比例变化的成本为（　　）。
   A. 固定成本　　　　　　　　　　　B. 变动成本
   C. 直接成本　　　　　　　　　　　D. 混合成本
4. 下列不能计入产品成本的费用是（　　）。
   A. 燃料和动力　　　　　　　　　　B. 车间管理人员的职工薪酬

C. 生产工人的职工薪酬　　　　　　D. 利息费用

5. 下列各项中，不属于税金要素费用内容的是（　　）。
   A. 增值税　　　　　　　　　　　B. 印花税
   C. 房产税　　　　　　　　　　　D. 土地使用税

6. 下列各项中，属于直接成本的费用是（　　）。
   A. 车间厂房的折旧费　　　　　　B. 车间管理人员的工资
   C. 生产工人的工资　　　　　　　D. 辅助生产工人的工资

7. 下列各项中，属于产品成本项目的有（　　）。
   A. 财务费用　　　　　　　　　　B. 燃料和动力
   C. 管理费用　　　　　　　　　　D. 税金

8. 制造成本按其计入产品成本的方法分类，可分为（　　）两类。
   A. 费用要素与成本项目　　　　　B. 作业成本和非作业成本
   C. 直接成本和间接成本　　　　　D. 产品成本和期间费用

9. 属于收益性支出的项目是（　　）。
   A. 支付的水电费　　　　　　　　B. 购买无形资产
   C. 支付的企业所得税　　　　　　D. 固定资产报废的清理损失

10. 下列项目中，属于单要素成本的是（　　）。
    A. 管理费用　　　　　　　　　　B. 制造费用
    C. 直接材料　　　　　　　　　　D. 辅助生产成本

二、多项选择题

1. 为了正确计算产品成本要正确划分各种费用的界限，包括下列中的（　　）。
   A. 划分收益性支出与资本性支出的界限
   B. 划分制造成本与期间费用的界限
   C. 划分定额费用与非定额费用的界限
   D. 划分各厂会计期间的费用界限

2. 按有关制度规定，下列支出中不得列入产品成本的是（　　）。
   A. 修理期间的停工损失　　　　　B. 赞助、捐赠支出
   C. 支付的滞纳金　　　　　　　　D. 对外投资支出

3. 一般来说，应直接计入产品成本的是（　　）。
   A. 直接材料费用　　　　　　　　B. 直接人工费用
   C. 制造费用　　　　　　　　　　D. 其他直接费用

4. 成本核算的基础工作包括下列中的（　　）。
   A. 制定、修订各种定额
   B. 建立健全财产物资的收发、计量、检验制度
   C. 建立健全原始记录与凭证
   D. 制定、修订内部结算价格和结算制度

5. 费用要素中的工资包括（   ）。
   A. 生产工人的工资　　　　　　　　B. 生产工人的职工福利费
   C. 企业管理人员的工资　　　　　　D. 企业管理人员的职工福利费
6. 下列项目中，不作为成本项目的是（   ）。
   A. 燃料及动力　　B. 外购材料　　C. 折旧　　D. 税金
7. 我国工业企业设立的成本项目有（   ）。
   A. 管理费用　　B. 直接材料　　C. 燃料及动力　　D. 制造费用
8. "生产成本——基本生产成本"科目的借方登记（   ）。
   A. 基本生产发生的各项直接费用　　B. 完工入库的产品成本
   C. 辅助生产分配转入的费用　　　　D. 月末制造费用分配转入的费用
9. 成本核算按实际成本计价原则，包括（   ）。
   A. 对生产中所耗用的料、工、费要按实际成本计价
   B. 对在产品的成本要按实际成本计价
   C. 对完工产品成本要按实际成本计价
   D. 对废品损失要按实际成本计价
10. 要素费用中的外购材料费用，可以计入的成本项目有（   ）。
    A. 直接材料　　　　　　　　　　B. 直接人工
    C. 制造费用　　　　　　　　　　D. 废品损失

三、判断题

1. 收益性支出是指为了取得本期收益而发生的支出，资本性支出是为以后若干会计年度取得收益而发生的支出。（   ）
2. 混淆产品制造成本与期间费用界限必然会出现少计资产价值而多列成本费用的结果。（   ）
3. 费用要素是对发生的各种费用按其经济用途的分类，成本项目是对发生的各种费用按其经济内容或性质分类。（   ）
4. 用于产品生产的原材料费用、生产工人工资费用和制造费用等，组成了产品费用要素。（   ）
5. 企业某一时期实际发生的费用总和，并不一定等于该期产品制造成本的总和。（   ）
6. 企业发生的动力费用，应全部计入各种产品基本生产成本中的"燃料和动力"成本项目。（   ）
7. 产品成本明细账中包含"折旧"这个成本项目。（   ）
8. 工业企业产品成本明细核算的一般程序是：
   （1）各种要素费用分配　　　（2）制造费用分配
   （3）辅助生产费用分配　　　（4）完工产品和在产品成本的划分　　（   ）
9. 定额成本是根据消耗定额所确定的产品生产成本，当企业条件变化较大时，一年中可能要多次修改定额成本，形成多个现行定额成本。（   ）
10. "外购材料"和"直接材料"，都是材料费用，因此都属于要素费用。（   ）

四、计算题

1. 某企业20××年5月外购原材料180 000元,辅助材料20 000元,低值易耗品10 000元。本月生产甲产品领用外购材料140 000元、自制材料30 000元,基本生产车间领用材料25 000元。本月生产工人工资30 000元,生产车间管理人员工资20 000元,辅助生产车间工人工资10 000元,行政管理人员工资15 000元。该企业的附加工资中"职工福利""社会保险""住房公积金""工会经费"和"职工教育经费"分别按照职工工资总额的8%、40%、6%、2%和1.5%列支或计提。

要求:
(1) 计算本月"外购材料""职工薪酬"两个要素费用的发生额。
(2) 计算本月"直接材料""直接人工"和"制造费用"三个成本项目的发生额。

2. 某企业20××年6月外购电力(电费)500 000元,其中生产设备运转用电350 000元,车间照明用电50 000元,厂部照明用电100 000元。本月发生其他费用21 000元,属于"制造费用"1 000元,属于管理费用20 000元。该企业的产品成本核算中设有"燃料和动力"成本项目。

要求:
(1) 计算"燃料和动力"成本项目的本月发生额。
(2) 计算"制造费用"成本项目的本月发生额。

3. 卡迪公司生产厨房刀具。下面为该公司20××年刀具生产的一些成本数据(单位:元):

材料成本:
  不锈钢   400 000
  设备机油和润滑油   8 000
  塑料和玻璃纤维手柄   15 000
  为客户放置用的木制刀架   9 200

人工成本:
  设备操作工   200 000
  设备修理工   50 000
  车间管理人员   118 000

要求:
(1) 20××年的直接材料成本为多少?
(2) 20××年的直接人工成本为多少?
(3) 20××年的制造费用为多少?

五、简答与讨论题

1. 生产要素费用与产品成本项目的具体内容是什么?二者的区别主要表现在哪些方面?
2. 产品成本核算过程中,需要正确划分哪些费用的界限?
3. 工业企业产品成本核算的一般程序是什么?
4. 产品成本核算的基础工作包括哪些内容?

5. 什么是生产成本？对零售商、制造商和服务企业来说，生产成本中包括哪些种类？
6. 为什么有些在理论上应被当作直接成本的材料和人工成本被当作间接成本？
7. 为了外部报告的需要，将制造费用分配至产品是否是必须的？那么，为了内部需要呢？请解释你的答案。
8. 如何理解直接成本是与成本对象相关的观点？
9. 李伟是一个房屋油漆工，2013年4月，他漆了4栋房子，发生了以下成本。他购买油漆花了600元，购买溶剂油花了40元，购买刷子花了150元。他还买了两条连裤工作服，每条50元，他只在工作时才穿工作服。在4月的第一周，李伟花了50元在分类广告中做广告。在其中一个项目上，李伟不得不请了个助手，助手的费用为14元/h，共工作了25h。

李伟是个非常细心的人，他仔细记录了自己每次工作开车行驶的里程数。他的箱式货车平均每公里的成本为0.35元。在他的车上找到了在4月购买的一张主要都市地图的收据。这张地图作为介绍工作的联系文件的一部分，为潜在工作的标价服务。他还有150元的过桥通行费收据（每次10元），是需要过桥进行油漆工作时发生的。

在接近4月底的时候，李伟决定去野营，他拒绝了一个开价300元的工作。他打长途电话（1.60元）给那位客户，解释他拒绝这份工作的原因。

请指出李伟在4月所发生的所有成本应怎么分类？假定成本对象为房屋油漆工作。

10. 指出下列项目属于产品或劳务成本还是期间费用。如果有些项目具有选择性的回答，列出可选择的答案，并说明原因。
（1）将产品从中心仓库运至码头的铲车操作员的工资。
（2）在工厂休息室使用的纸巾。
（3）公司总部的保险费。
（4）会计师事务所使用的分栏书写的纸。
（5）公司生产的衬衫上附着的标签的成本。
（6）工厂维修工人的工资。
（7）生产设备的财产税。
（8）律师事务所秘书的薪水。
（9）从供应商处获得原材料的运费。
（10）生产蜡烛所需的蜡的成本。
（11）核电站为产生能源所使用的放射性物质的成本。

11. 红跑车公司生产两种类型的面包，并批发销售给不同的特许零售面包房，每条面包都需要三步加工：第一步是混合。混合部门将所有必需的原料倒入高速搅拌器，制成面团。这些面团在烘焙之前就被静置发酵。第二步是烘焙。这是一个完全自动化的加工过程，烘焙部门用模具将面团加工成最终的形状，并用高温烤箱烘焙。第三步是精加工。这是一项纯手工的加工过程，所有的面包在精加工部门被涂上一层特殊的油料，待冷却后再被小心地包装在特殊的纸盒中，以便在零售面包房中被销售。

加工过程中涉及的成本项目如表3-1所示。

表3-1 项目成本及分类

项目	成本对象：每种类型的面包		成本对象：混合部门	
	直接费用	间接费用	直接费用	间接费用
面粉成本				
包装材料成本				
搅拌机折旧				
厂房的租金				
厂房的火灾保险				
工厂的水电费				
精加工部门工人的工资				
混合部门经理的工资				
每个部门材料保管员的工资				
工厂门卫工资				
混合搅拌机械师工资				
每个部门机器维修人员的工资				
工厂维修用耗材				
工厂消耗的清洁用品				
烤箱的折旧费				

要求：

(1) 假定成本对象是每种类型的面包时，请确定每个项目成本是直接成本，还是间接成本？

(2) 假定成本对象是混合部门，而不是每种类型的面包时，那么每个项目的成本是直接成本，还是间接成本？

12. 福克斯公司是一家市场调研公司，为消费性产品企业组织核心小组，每个小组均有8位成员为新产品提供意见，每位成员的报酬为一次座谈会50元，这些核心小组在宾馆会面，由福克斯公司雇用的独立市场营销专家引导。每位市场营销专家的报酬，包括一部分固定聘用定金（需要引导一个最低数量的座谈会）以及每场座谈会2 000元的费用。每场座谈会均有一位福克斯公司的员工参加，以保证每个方面都顺利进行。

要求：将下面成本项目分为直接成本或间接成本（根据每个核心小组划分）。

(1) 核心小组内，每位为新产品提供建议的成员报酬。

(2) 每年福克斯公司订阅消费者报告杂志的费用。

(3) 福克斯员工为确定核心小组成员是否参加座谈会拨打电话的成本（每条电话没有单独记录）。

(4) 聘用专家的定金（每位专家每年进行20次关于新医疗用品的核心小组引导）。

(5) 提供给核心小组参加者的餐点。

(6) 福克斯公司的办公室租金。

(7) 记录座谈会上，每位核心小组成员关于产品意见的录音带的成本（这些录音带会寄给测评产品的企业）。

（8）福克斯公司员工使用公司汽车的汽油成本（公司员工按月提交不含里程分项数据的账单）。

13. HEC 商店是北京一家大型商店，这家商店同时拥有录像带部和音乐部，录像带部和音乐部的收入单独披露。

要求：确定下面每个成本项目是直接成本还是间接成本。

（1）录音带分销员的年薪。
（2）HEC 商店的电力成本。
（3）用于销售的录像带的购入成本。
（4）杂志订阅费。
（5）HEC 商店用于财务预算的计算机软件租赁成本。
（6）HEC 商店给客户免费提供的爆米花的成本。
（7）HEC 商店的地震保险。
（8）购入录像带的运费成本。

14. 根据表 3-2 中的项目，要求：
（1）确认各项目是属于资本性支出，还是收益性支出。
（2）确认计入存货成本的项目。

表 3-2　收益性支出与资本性支出的划分

行业及项目	资本性支出	收益性支出	计入存货成本
服务型企业（会计师事务所）			
1. 50 000 元——购买办公计算机成本			
2. 45 000 元——办公室的月租金			
3. 135 000 元——秘书的薪金			
商品销售型企业（建材零售商店）			
4. 7 680 元——销售佣金			
5. 234 000 元——购买商品成本			
6. 3 859 元——展览大厅照明用电费用			
制造型企业（钢铁厂）			
7. 234 900 元——高炉折旧费			
8. 584 000 元——炼钢工人工资			
9. 130 490 元——管理部门房屋折旧费			
10. 354 800 元——为销售人员添置车辆的成本			

六、案例分析

大学生王维 20×8 年 8 月毕业应聘到华东机械公司当成本会计。财务部的成本主管李白向他介绍了公司的有关情况，公司的基本情况如下：

（1）产品情况。公司主要生产用于矿山的大型和重型机械。

（2）车间设置情况。公司设有六个基本生产车间，分别生产矿山机械的各种零部件，以及零部件的组装，另外还有三个辅助生产车间为基本生产车间及其他部门提供劳务。

（3）成本核算的现状。公司现有会计人员 40 人，其中成本会计人员 10 人（不包括各个生产车间的成本核算人员），由于公司规模较大，现在实行两级成本会计管理制度，厂部和车间分别设置有关成本费用明细账进行核算。

成本会计主管让王维了解了公司的成本核算和其他方面的情况后，讨论：
(1) 根据本公司的具体情况应采用什么成本会计管理制度？
(2) 车间和公司应设置哪些成本总账和明细账？
(3) 成本费用应按什么程序进行归集和分配？
(4) 对公司目前的成本会计管理制度提出进一步的改进建议。

练习题参考答案

一、单项选择题

题号	1	2	3	4	5	6	7	8	9	10
答案	C	C	B	D	A	C	B	C	A	C

二、多项选择题

题号	1	2	3	4	5	6	7	8	9	10
答案	AB	BCD	ABD	ABCD	ABCD	BCD	BCD	ACD	AC	ACD

三、判断题

题号	1	2	3	4	5	6	7	8	9	10
答案	×	×	×	×	√	×	×	×	×	×

四、计算题

1.
(1) 外购材料的发生额＝180 000＋20 000＋10 000＝210 000（元）
职工薪酬的发生额＝(30 000＋20 000＋10 000＋15 000)×(1＋8%＋40%＋6%＋2%＋1.5%)＝118 125（元）
(2) 直接材料＝140 000＋30 000＝170 000（元）
直接人工＝30 000×(1＋8%＋40%＋6%＋2%＋1.5%)＝47 250（元）
制造费用＝25 000＋20 000×(1＋8%＋40%＋6%＋2%＋1.5%)＝56 500（元）

2.
(1) 燃料和动力＝350 000（元）
(2) 制造费用＝50 000＋1 000＝51 000（元）

3.
(1) 直接材料成本＝400 000＋15 000＋9 200＝424 200（元）

(2) 直接人工成本=200 000（元）
(3) 制造费用=8 000+118 000=126 000（元）

五、简答与讨论题（略）

六、案例分析（略）

第四章

费用在各种产品之间的归集和分配

学习目的与要求

从本章开始，进入成本核算的具体内容和具体过程。本章内容是按照产品成本核算的一般程序进行安排的，具有严格的顺序。

学习本章，要熟悉要素费用归集和分配的程序；了解辅助生产费用核算的意义，掌握辅助生产费用归集的程序，熟悉辅助生产费用分配的各种方法及优缺点；明确制造费用的内容，理解制造费用分配的原则，掌握制造费用分配的各种方法及其适用条件；理解废品损失的含义，掌握废品损失核算的内容与核算程序；理解停工损失的含义，明确停工损失核算的程序。

学习重点与难点

 一、各项要素费用的分配

对于各项要素费用分配的核算，应该注意四个问题：第一，应该明确分配什么，即分配的内容，可以将其理解为贷方的科目。这一内容是已知的，只需要将其赋予一个账户即可，每一种要素费用都对应一个账户。第二，应该明确分配的方法，即按什么标准进行分配，这是成本准确与否的关键，实际工作中需要合理的选择。第三，应该明确分配到什么地方，即各种要素费用的受益对象，明确各受益对象应该分配的金额是多少，可以将其理解为借方应该借记什么科目，借记多少。第四，应该明确要素费用分配的形式或上述三个问题的结果，一般是通过要素费用分配表进行的。主教材的表4-3就包含了上述四个问题。

1. 外购材料费用的分配

外购材料费用要素包括了原材料、燃料、包装物和低值易耗品等内容。产品在其制造过程中耗用的材料，根据其用途不同可分为直接材料耗用和间接材料耗用。材料费用的分配应该遵循其分配的直接计入原则和重要性原则。这两项原则的具体含义及应用可见主教材的图4-1。

2. 外购动力费用的分配

外购动力费用不同于原材料、包装物和低值易耗品等具有实物形态的物资，往往难以进行仓储管理，因此无论是外购的还是自制的，提供即使用。自制的动力费用核算通过辅助生产费用的归集与分配进行。

由于外购动力费用的款项支付，有预付的，有当期支付的，也有拖至以后月份支付的，因此为了正确核算当期的动力费用，贯彻权责发生制原则，一般要通过"应付账款"科目核算，即计算当期应负担的动力费用时，借记有关成本费用科目，贷记"应付账款"科目；而实际支付时，借记"应付账款"，贷记"银行存款"，这时"应付账款"期末如有贷方余额则表示应付未付的动力费用；如有借方余额表示预付或多付的动力费用。

动力费用的用途遍及各个部门（如电力），因此应按其用途和发生地点进行分配。如果是电力，往往可用仪表计量，则某产品或某部门应负担的动力费用，等于其耗电量与单位电价的乘积；如果几种产品共同耗用，则需要选用一定的分配标准分配计入。分配标准通常有生产工时、机器工时、机器功率、定额消耗量等，分配过程同外购材料。

3. 职工薪酬分配

直接进行产品生产的生产工人的职工薪酬，专门设有"直接人工"（或职工薪酬）成本项目。其中，计件工资属于直接费用，直接记入"生产成本——基本生产成本"科目；计时工资一般是间接费用，可按生产工时或定额工时作为标准进行分配，分配过程与前述要素费用相同。

4. 固定资产折旧费用的归集和分配

固定资产折旧费也是产品成本的组成部分，但它不单独设立成本项目，而是按照固定资产的使用部门归集，然后再与车间、部门的其他费用一起分配记入产品成本或期间费用，即记入"制造费用""管理费用""销售费用"等科目，通过编制折旧费用分配表，并据以登记有关总账和明细账。

5. 其他费用的归集和分配

其他费用是指除了外购材料、外购燃料、外购动力、职工薪酬、折旧费等以外的各项费用，包括邮电费、差旅费、办公费等。这些费用应于发生时，根据有关凭证按其发生的地点及部门，分别记入"制造费用"明细账和"管理费用"明细账中。在凭证较多的情况下，也可以根据有关凭证，汇总编制其他费用分配表，据以登记各种明细账。

通过以上各要素费用的核算分配，已经按照费用的用途分别记入"生产成本——基本生产成本""生产成本——辅助生产成本""制造费用"和期间费用类科目，以及非生产经营类科目，如"在建工程"等。其中记入"生产成本——基本生产成本"科目借方的费用，已经分别计入各有关产品成本明细账的"直接材料""燃料及动力"和"直接人工"成本项目。也就是说，已经划分了资本性支出与收益性支出，以及产品制造成本与期间费用的界限，即已经划分了两个界限。

二、辅助生产费用的归集和分配

辅助生产是为基本生产服务而进行的生产，所以，辅助生产费用最终应作为产品制造成本的一部分计入产品制造成本。大多数辅助生产费用不能作为基本生产产品的直接费用，而是以制造费用计入产品制造成本，如主教材上的图 4-2 所示。

（一）辅助生产费用的归集

辅助生产费用的归集和分配是通过"生产成本——辅助生产成本"账户进行核算的，一般应按辅助生产车间以及提供的产品或劳务设立明细账，账内按成本项目设专栏，辅助生产费用的归集主要体现在"生产成本——辅助生产成本"科目的借方。但是，为了简化核算，当辅助生产车间规模较小，制造费用较少的情况下，明细账内可以不设置"制造费用"成本项目，而把发生的各种制造费用直接记入"生产成本——辅助生产成本"账内，因此，辅助生产车间就不需要单独设置"制造费用"账户核算其发生的制造费用。

由此可见，辅助生产费用的归集程序可分为设置"制造费用"科目和不设置"制造费用"科目两种，因此其账务处理程序也分为两种情况。主教材中对应的第四章采用的是第二种方法。

(1) 设置"制造费用"科目时，辅助生产费用的归集核算程序如图4-1所示。

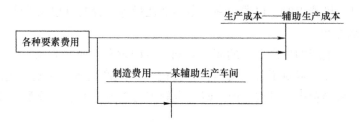

图4-1 设置"制造费用"科目时的辅助生产费用的归集核算程序

(2) 不设置"制造费用"科目时，辅助生产费用的归集核算程序如图4-2所示。

图4-2 不设置"制造费用"科目时的辅助生产费用的归集核算程序

(二) 辅助生产费用的分配

1. 辅助生产费用分配的程序及账务处理

如果辅助生产车间是生产产品的，如自制材料、工具等，在这些产品完工后，应将其成本从"生产成本——辅助生产成本"账户转入到"原材料"或"低值易耗品"等账户中。如果辅助生产车间提供电、水、蒸汽、修理等产品或劳务时，应根据各受益部门的耗用量，在各受益部门间进行分配，分别记入"生产成本——基本生产成本""制造费用""管理费用"等账户中。辅助生产费用的分配主要体现在"生产成本——辅助生产成本"科目的贷方。

2. 辅助生产费用的分配方法

辅助生产费用的分配主要有以下几种方法：

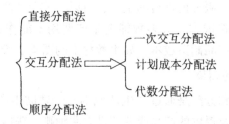

三、制造费用的归集和分配

（一）制造费用的归集

制造费用是指企业的生产单位为组织和管理生产而发生的各项费用，以及固定资产的使用费等。制造费用的核算是通过"制造费用"科目进行的，一般应按生产车间设置明细账，账内按费用项目设置专栏进行核算，设置的明细项目主要有工资和福利费、折旧费、办公费、水电费、机物料消耗、劳动保护费、季节性和修理期间的停工损失等。制造费用的归集主要体现在"制造费用"科目的借方。

（二）制造费用的分配

1. 制造费用分配的原则
（1）分配标准应具有"共有性"。
（2）分配标准应能体现"比例性"。
（3）分配标准应具备易取得和可计量性。
（4）分配标准应具有相对的稳定性。

上述制造费用分配的原则主要体现了这样的思想：某车间制造费用的所有受益对象都应具有分配标准的资料，而且分配标准总量的变化与制造费用的发生额密切相关，作为分配标准的资料应该容易取得而且可以客观地计量，分配标准一旦选定，应该保持相对稳定。

同时应该注意，由于各基本生产车间的制造费用水平不同，所以制造费用应该按照各车间分别进行分配，而不得将各车间的制造费用统一起来在整个企业范围内统一分配。

2. 制造费用的分配方法

制造费用的分配方法一般有生产工时比例法、生产工人工资比例法、机器工时比例法和按年度计划分配率分配法，直接材料成本（或数量）比例分配方法、直接成本分配法及联合分配法等。上述各种分配方法的适用条件不同，因此应该明确各种分配方法的原理及优缺点，根据企业的生产条件选择合适的分配方法。

制造费用的分配主要体现在"制造费用"科目的贷方。

四、废品损失的核算

废品损失按其发生的频繁程度、数额大小、对产品制造成本的影响程度不同，可以进行单独核算与不单独核算两种。本章介绍的是废品损失单独核算的形式，即通过设置"废品损失"成本项目进行核算。

（一）废品及废品损失的含义

废品是指由于生产原因而造成的质量不符合规定的技术标准，不能按原定用途使用，或者需要加工修理后才能按原定用途使用的在产品、半成品和产成品。无论是生产过程中发现，还是入库后发现，都应该包括在内，这里强调的是生产过程中产生。

废品按其可修复与否分为可修复废品和不可修复废品。可修复废品在修复过程中发生的修复费用和不可修复废品的报废损失为废品损失。

（二）废品损失的核算

废品损失核算应设置"废品损失"账户进行废品损失的归集和分配。该账户应该按产品类别设置，账内按成本项目设专栏进行核算。废品损失的核算程序如图4-3所示。

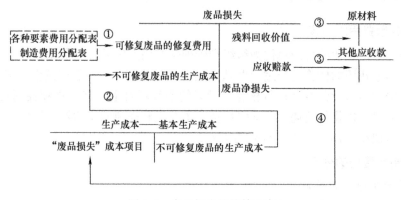

图 4-3 废品损失的核算程序

五、停工损失核算

停工损失是指企业生产车间由于计划减产或因停电、待料、机器设备发生故障而停止生产所造成的损失。正常的停工损失应该计入制造费用或生产成本，非正常的停工损失应计入营业外支出。停工损失的核算应设置"停工损失"账户，一般按停工的原因设置明细账，账内按成本项目反映。具体的核算程序及账务处理见主教材中的图4-6。

基本名词概念

（1）辅助生产费用的直接分配法是指各辅助生产车间的实际成本，只在基本生产车间和管理部门间按其受益数量进行分配，对于各辅助生产车间相互提供的产品和劳务则不进行分配，这种方法适用于辅助生产费用较少的中小型企业。

（2）辅助生产费用一次交互分配法是将辅助生产费用先在辅助生产车间之间进行一次交互分配，再将交互分配后重新调整的辅助生产费用在辅助生产车间以外的其他受益车间、部门进行分配的方法。

（3）辅助生产费用的计划成本分配法是先按提供劳务、作业的计划单位成本和各受益部门实际接受劳务、作业的受益量进行分配，然后再将计划分配额与实际费用的差额进行调整分配的一种辅助生产费用分配方法。

（4）辅助生产费用的代数分配法是运用初等代数中解多元一次联立方程组的原理进行辅助生产费用分配的一种方法。

（5）辅助生产费用的顺序分配法也称阶梯分配法，是按辅助生产车间施惠和受益量多少的顺序分配辅助生产费用的一种分配方法。

（6）可修复废品与不可修复废品：可修复废品是指技术上可以修复，而且所需修复费用在经济上合算的废品；不可修复废品是指在技术上不可修复，或者虽然技术上可以修复，但所需修复费用在经济上不合算的废品。

（7）废品损失与停工损失：废品损失是指由于产生废品而发生的废品报废损失和超过合格产品正常成本的多耗损失；停工损失是指企业生产车间由于计划减产或因停电、待料、机器设备发生故障而停止生产所造成的损失。

练 习 题

▶ 一、单项选择题

1. 直接用于产品生产的材料费用应记入（　　）科目。
   A. 生产成本——基本生产成本　　B. 生产成本——辅助生产成本
   C. 制造费用　　　　　　　　　　D. 管理费用
2. 适用于季节性生产的车间分配制造费用的方法是（　　）。
   A. 生产工时比例法　　　　　　　B. 机器工时比例法
   C. 生产工人工资比例法　　　　　D. 年度计划分配率法
3. 辅助生产费用交互分配后的实际费用，应该在（　　）之间进行分配。
   A. 基本生产车间　　　　　　　　B. 辅助生产车间以外的各受益单位
   C. 各辅助生产车间　　　　　　　D. 所有的受益单位
4. 对于辅助生产车间发生的制造费用（　　）。
   A. 不单设"制造费用"科目进行核算
   B. 单独设"制造费用"科目进行核算
   C. A 和 B 均可
   D. 通过"管理费用"科目进行核算
5. 采用顺序分配法分配辅助生产费用时，按辅助生产车间（　　）的顺序进行分配。
   A. 费用多的在前，费用少的在后
   B. 费用少的在前，费用多的在后
   C. 受益少的在前，受益多的在后
   D. 受益多的在前，受益少的在后
6. 辅助生产费用采用一次交互分配法进行分配，各种辅助生产费用（　　）。
   A. 要计算一个费用分配率　　　　B. 不需要计算费用分配率
   C. 要计算两个费用分配率　　　　D. 均按规定的费用分配率
7. 为了简化辅助生产费用的分配工作，在计划成本分配法下辅助生产成本差异全部记入（　　）。
   A. "生产成本"账户　　　　　　　B. "管理费用"账户
   C. "材料成本差异"账户　　　　　D. "销售费用"账户
8. 将辅助生产费用直接分配给辅助生产车间以外的各受益单位，这种分配方法是（　　）。
   A. 计划成本分配法　　　　　　　B. 代数分配法
   C. 直接分配法　　　　　　　　　D. 顺序分配法
9. 辅助生产费用按计划成本法进行分配。按计划成本分配的费用是 38 250 元，辅助生产实际成本为 40 250 元，其差额为 2 000 元，应（　　）。
   A. 借记"生产成本——辅助生产成本"科目

B. 借记"生产成本——基本生产成本"科目

C. 借记"管理费用"科目

D. 红字借记"管理费用"科目

10. 在辅助生产费用的各种分配方法中，分配结果最精确的是（   ）。

   A. 计划成本分配法　　　　　　　　B. 一次交互分配法

   C. 顺序分配法　　　　　　　　　　D. 代数分配法

11. 采用顺序分配法分配辅助生产费用，它主要适用于（   ）。

   A. 各辅助车间受益程度差异较大

   B. 各辅助车间受益程度没有差异

   C. 各辅助车间互相不提供劳务

   D. A 和 B 均有

12. 制造费用的分配（   ）。

   A. 在企业范围内统一分配

   B. 在全厂或整个总厂的各种产品之间分配

   C. 在所有车间范围内统一分配

   D. 按车间分别进行分配

13. 下列不同于废品的有（   ）。

   A. 生产过程中发现的不可修复的在产品

   B. 生产过程中发现的可修复的半成品

   C. 入库后发现的可修复的产成品

   D. 入库后发现的由于保管不善导致的变质品

14. 在单独核算"废品损失"的企业中，下列属于"废品损失"科目核算的内容有（   ）。

   A. 产品售出后的返修费

   B. 生产过程中可修复废品的修复费用

   C. 生产过程中可修复废品的生产成本

   D. 出售不合格品的降价损失

15. 下列项目中应计入产品成本"停工损失"的是（   ）。

   A. 季节性停工所发生的各项开支

   B. 台风造成的停工损失

   C. 由于地震造成的停工损失

   D. 可由保险公司赔偿的停工损失

二、多项选择题

1. 几种产品共同消耗的材料费，其分配标准可以是（   ）。

   A. 各产品的产量　　　　　　　　　B. 各产品的重量

   C. 各产品的材料定额消耗量　　　　D. 各产品的材料定额费用

2. 计提固定资产折旧费时，可能借记的科目有（   ）。

   A. 生产成本——基本生产成本　　　B. 生产成本——辅助生产成本

　　　　C. 制造费用　　　　　　　　　　D. 管理费用
　3. 辅助生产费用分配法中能够进行交互分配的方法有（　　）。
　　　　A. 代数分配法　　　　　　　　　B. 一次交互分配法
　　　　C. 直接分配法　　　　　　　　　D. 计划成本分配法
　4. 辅助生产费用的交互分配方法，具有（　　）特点。
　　　　A. 核算工作简单　　　　　　　　B. 费用分配及时
　　　　C. 计算结果较为准确　　　　　　D. 计算工作量较大
　5. 制造费用的分配方法有（　　）。
　　　　A. 一次交互分配法　　　　　　　B. 生产工人工时比例法
　　　　C. 生产工人工资比例法　　　　　D. 机器工时比例法
　6. 制造费用主要是在为企业基本生产车间提供产品或劳务时而发生的各项间接费用，包括（　　）。
　　　　A. 基本生产车间的办公费　　　　B. 生产车间管理人员的工资
　　　　C. 生产车间固定资产的折旧费　　D. 基本生产车间的水电费
　7. 单独核算废品损失时，在"废品损失"科目借方核算的内容有（　　）。
　　　　A. 可修复废品的生产成本　　　　B. 可修复废品的修复费用
　　　　C. 不可修复废品的生产成本　　　D. 回收的废品残料价值
　8. 下列各项中，在计算废品损失时应予以扣除的是（　　）。
　　　　A. 回收的可修复废品的残料价值
　　　　B. 收回的不可修复废品的残料价值
　　　　C. 应收的赔款
　　　　D. 可修复废品的修复费用
　9. 企业在月末结转停工损失时，可能借记的科目有（　　）。
　　　　A. 生产成本——基本生产成本　　B. 制造费用
　　　　C. 营业外支出　　　　　　　　　D. 其他应收款
　10. 作为可修复废品应具备的条件是（　　）。
　　　　A. 经过修复可按原定用途使用
　　　　B. 所花费的修复费用在经济上合算
　　　　C. 经修理仍无法使用
　　　　D. 具备 A 和 B 之一即可

三、判断题

　1. 辅助生产的主要任务是，在为基本生产服务的同时，对外销售产品和提供劳务。
　　　　　　　　　　　　　　　　　　　　　　　　　　　　　　　　　　（　　）
　2. 通过辅助生产费用的分配和结转，"生产成本——辅助生产成本"科目期末一般没有余额。　　　　　　　　　　　　　　　　　　　　　　　　　　　　　　（　　）
　3. 在辅助生产的计划成本分配法下，为简化分配工作，可将辅助生产成本差异全部计入制造费用。　　　　　　　　　　　　　　　　　　　　　　　　　　（　　）
　4. 不论是在生产过程中发现的废品，还是入库后发现的废品，只要是生产原因造成

的，都应作为废品处理。   (   )

5. 在一般情况下，废品净损失全部由当月完工产成品成本负担。   (   )
6. 辅助生产费用的直接分配法不考虑各辅助生产车间之间相互提供产品和劳务的情况。
                                                              (   )
7. 各种辅助生产费用分配方法就分配结果而言，代数分配法是最准确的。 (   )
8. 顺序分配法是按照辅助生产车间受益劳务数量多少的顺序进行排列并进行费用的分配。
                                                              (   )
9. 可修复废品是指经过修理后可以使用的。   (   )
10. 季节性的停工损失，应列入"营业外支出"科目当中。   (   )

四、业务题

练习一

1. 目的：练习材料费用的分配。
2. 资料：长江公司有两个基本生产车间，一个运输车间和一个动力车间。第一生产车间生产#101 和#102 产品，第二车间生产#201 产品。

（1）材料费用的分配：

根据领料单汇总长江公司 20××年 10 月的各车间，各部门和各种产品领用的原材料、低值易耗品如表 4-1 所示。

表 4-1 材料费用汇总表   单位：元

领料单位	用　途	计划价格	材料成本差异	实际价格
第一车间	制造#101 产品的材料	145 200		
	制造#102 产品的材料	126 000		
	制造#101、#102 产品的材料	200 000		
	劳动保护用品	1 500		
	一般性消耗	3 500		
	生产领用低值易耗品	1 800		
第二车间	制造#201 产品的材料	250 000		
	劳动保护用品	2 000		
	一般性消耗	4 100		
企管部门	仓库经费	800		
动力车间	生产用	14 200		
运输车间	生产用	8 400		
	合计	757 500		

（2）燃料费用的分配：

根据领料单汇总长江公司 20××年 10 月各车间领用的燃料如表 4-2 所示。

表 4-2 燃料费用汇总表　　　　　　　　　　　单位：元

领料单位	用　　途	计划价格	材料成本差异	实际价格
第一车间	制造#101、#102 产品共同耗用	11 025		
第二车间	制造#201 产品耗用	8 000		
合计		19 025		

（3）该厂本月份材料价格差异率为-2%（包括燃料和低值易耗品）。

（4）第一车间产品#101 和#102 共同耗用的原材料按定额耗用量的比例进行分配，共同耗用的燃料按两种产品的产量比例进行分配。两种产品的产量资料及定额资料如下：

#101 产品生产 2 500 件，原材料单位耗用定额 11kg。

#102 产品生产 3 125 件，原材料单位耗用定额 4kg。

3. 要求：

（1）根据上述资料编制耗用原材料、低值易耗品分配汇总表（见表 4-3）和耗用燃料分配汇总表（见表 4-4）。

（2）根据编制完整的表 4-3 和表 4-4，编制会计分录。

表 4-3 耗用原材料、低值易耗品分配汇总表　　　　　　　　　单位：元

部门、产品、项目		产量（件）	共同耗用部分				直接领用部分	计划成本合计	成本差异	实际成本合计
			单耗定额	定额消耗量	分配率	应分配费用				
#101 产品——原材料										
#102 产品——原材料										
小计										
#201 产品——原材料										
第一车间	——劳动保护费									
	——消耗材料									
	——低值易耗品									
第二车间	——劳动保护费									
	——消耗材料									
管理部门——材料费										
动力车间——材料费										
运输车间——材料费										
合计										

表4-4 耗用燃料分配表　　　　　　　　　　　　　　　　　　单位：元

部门、产品、项目	产量（件）	共同耗用部分		直接领用部分	计划成本合计	成本差异	实际成本合计
		分配率	应分配费用				
#101产品——燃料	2 500						
#102产品——燃料	3 125						
小计	5 625						
#201产品——燃料							
合计							

练习二

1. 目的：练习职工薪酬的分配。
2. 资料：

（1）长江公司20××年10月的各车间、部门的职工薪酬如表4-5所示。

表4-5 职工薪酬汇总表　　　　　　　　　　　　　　　　　　单位：元

部门、车间	各类人员	工　资	其他职工薪酬	合　计
第一车间	生产工人	12 000	6 900	18 900
	管理人员	600	345	945
第二车间	生产工人	9 600	5 520	15 120
	管理人员	500	287.5	787.5
动力车间	生产工人及管理人员	1 200	690	1 890
运输车间	生产工人及管理人员	2 500	1 437.5	3 937.5
企管部门		2 000	1 150	3 150
	合计	28 400	16 330	44 730

（2）第一车间生产工人的职工薪酬按#101、#102两种产品的生产工时比例进行分配：#101产品的生产工时为21 400h，#102产品的生产工时为15 600h；第二车间因为只生产#201一种产品，所以，生产工人的职工薪酬全部计入#201产品的成本。

3. 要求：

（1）编制职工薪酬分配表（见表4-6）。

（2）根据编制完整的表4-6，编制会计分录。

表4-6 职工薪酬分配汇总表

产品、部门、项目	生产工时/h	分配率	应分配职工薪酬（元）
#101产品			
#102产品			
小计			

(续)

产品、部门、项目	生产工时/h	分配率	应分配职工薪酬（元）
#201 产品			
第一车间——管理人员职工薪酬			
第二车间——管理人员职工薪酬			
动力车间——管理人员职工薪酬			
运输车间——管理人员职工薪酬			
企管部门——管理人员职工薪酬			
合计			

练习三

1. 目的：练习辅助生产费用的分配。
2. 资料：

（1）长江公司有两个辅助生产车间，动力车间为#101、#102、#201三种产品提供直接生产用的动力，其费用按三种产品的生产工时加以分配，计入生产产品成本。运输车间为各车间、部门提供运输服务，其费用按所提供的运输公里加以分配。其中为在建工程提供的劳务按每公里6.0元的定额计算出分摊的费用，在分配前先从辅助生产成本明细账中转出。

（2）10月辅助生产车间的费用除练习一、练习二所列材料、职工薪酬外，尚发生以下各项费用，如表4-7所示。

表4-7 辅助生产车间发生的部分费用（除练习一和练习二中的费用） 单位：元

辅助车间名称	办公费	折旧费	差旅费	劳动保护费	其他支出
动力车间	216	2 098	1 049	474	655
运输车间	140	2 994	1 497	257	450

（3）10月辅助生产车间对基本生产车间、部门提供的劳务工时如表4-8所示。

表4-8 辅助生产车间提供产品或劳务量表

辅助车间名称	计量单位	直接生产产品用			车间部门一般使用		
		#101	#102	#201	第一车间	第二车间	管理部门
动力车间	生产工时	2 140	1 560	1 000			
运输车间	运输公里				845	450	305

3. 要求：

（1）登记辅助生产车间成本明细账（见表4-9和表4-10）。

表 4-9 辅助生产成本明细账　　车间名称：动力车间　　单位：元

日期	凭证	摘要	费用项目						借方合计	贷方转出	期末余额
			材料费	人工费	办公费	折旧费	差旅费	劳保费	其他		

表 4-10 辅助生产成本明细账　　车间名称：运输车间　　单位：元

日期	凭证	摘要	费用项目						借方合计	贷方转出	期末余额
			材料费	人工费	办公费	折旧费	差旅费	劳保费	其他		

（2）编制结转为在建工程提供劳务的会计分录。

（3）编制辅助生产费用分配表（见表 4-11）。

表 4-11 辅助生产费用分配表　金额单位：元　数量单位：h

辅助车间名称	本期生产费用总数	提供劳务总数	单位成本	各产品部门应分配数										
				#101 产品		#102 产品		#201 产品		一车间		二车间		管理部门	
				数量	金额	数量	金额	数量	金额	数量	金额	数量	金额	数量	金额
动力															
运输															
合计															

（4）根据辅助生产费用分配表，编制会计分录。

练习四

1. 目的：练习辅助生产费用的分配方法。

2. 资料：

某工业企业有供水和供电两个辅助生产车间，辅助生产车间的制造费用不通过"制造费用"科目核算。本月发生辅助生产费用、劳务量及计划单位成本如表 4-12 所示（各部门的水电均为一般性消耗）。

表4-12 辅助生产车间提供的劳务量及计划成本表

项　目		供 电 车 间	供 水 车 间
待分配费用		12 000元	1 840元
劳务供应量		50 000kW·h	8 000t
计划单位成本		0.30元/kW·h	0.50元/t
劳务耗用量	供电车间		2 000t
	供水车间	10 000kW·h	
	基本生产车间	28 000kW·h	5 000t
	管理部门	12 000kW·h	1 000t

3. 要求：

（1）采用直接分配法分配辅助生产费用，并编制分配表和分配的会计分录。

（2）采用一次交互分配法分配辅助生产费用，并编制分配表和分配的会计分录。

（3）采用计划成本分配法分配辅助生产费用，并编制分配表和分配的会计分录。

（4）采用代数分配法分配辅助生产费用，并编制分配表和分配的会计分录。

练习五

1. 目的：练习制造费用分配。

2. 资料：

（1）长江公司第一车间生产#101、#102两种产品，制造费用在这两种产品之间按生产工时进行分配。第二车间生产#201一种产品，制造费用全数计入这种产品。

（2）10月份基本生产车间制造费用除练习一、练习二和练习三所发生的费用外，还发生以下各项费用，如表4-13所示。

表4-13 生产车间发生的制造费用（除练习一、练习二和练习三的费用） 单位：元

车间部门	办 公 费	水 电 费	折 旧 费	差 旅 费
第一车间	316	193	2 086	1 043
第二车间	256	204	1 378	689

3. 要求：

（1）设计并登记制造费用明细账。

（2）设计、编制制造费用分配表，并编制会计分录。

练习六

1. 目的：练习废品损失核算。

2. 资料：

（1）某企业修复乙产品100件，发生各项修复费用：原材料550元，职工薪酬990元，燃料及动力1 750元，制造费用1 801元。

（2）本月完工乙产品3 000件（包括返修完工的产品）耗用生产工时45 000h，耗用原材料96 000元，职工薪酬24 975元，燃料及动力31 500元，制造费用36 000元。原材料一次投入，完工验收入库发现不可修复废品100件，耗用生产工时1 500h。废品残料入

库作价 270 元。

3. 要求：

(1) 编制不可修复废品损失计算表。

(2) 编制结转不可修复废品生产成本和残料回收的会计分录。

(3) 设计并登记废品损失明细账。

(4) 结转废品损失明细账归集的废品损失，并编制会计分录。

(5) 登记产品成本明细账（见表 4-14）。

(6) 计算乙产品的完工合格产品的总成本和单位成本。

表 4-14 产品成本明细账

产品名称：　　　　　　　　　　　完工产品数量：　　　　　　　　　　单位：元

月	日	摘　要	直接材料	燃料及动力	直接人工	制造费用	废品损失	合　计
		期初余额						
		本月生产费用						
		生产费用累计						
		减：不可修复废品生产成本						
		结转本月废品净损失						
		本月完工产品成本转出						
		月末在产品费用						

▶▶ 五、简答与讨论题

1. 辅助生产费用的分配方法有哪些？说明每一种分配方法的优缺点及适用条件。

2. 简述制造费用分配原则的内容及意义。

3. 简述"废品损失"科目的内容。

4. 说明废品损失核算的程序。

5. 信诚公司是一家专业印刷商店。通常印刷批次都是按标准成本的 150% 来定价。94-301 号订单是印刷 500 张结婚请柬，标准成本计算如下（单位：元）：

直接材料　　　　　　　　200

直接人工　　　　　　　　 20

间接费用　　　　　　　　 30

　总计　　　　　　　　　250

通常，请柬都是用机器印刷出来的，检查最上面的一张措辞、拼写是否正确以及印刷质量如何，将所有请柬装入塑料袋中，然后放在指定的完工批次的架子上。这时，技术人员决定在检查并包装该批产品前先去吃饭。他将这些没有包装的请柬放在印刷机旁边，然后离开了。他在 1 个小时后回来，发现这些请柬掉在地上并被踩过。结果大约有 100 张请柬报废了，不得不被丢掉。不得已，又印刷了 100 张请柬，完成了这个订单的生产。

要求：

(1) 计算报废请柬的成本。

(2) 94-301 号订单的价格是多少?

(3) 假设另一个批次 94-442 号订单也要印 500 张结婚请柬。其标准成本与 94-301 号订单相同。但是 94-442 号订单要求使用特殊颜色的油墨,这种油墨只能按一个难以利用的配方制成。信诚公司的印刷工人从经验得知这种油墨的颜色只有经过反复试验才能印刷得正确。在这种情况下,前 100 张请柬都因为这种油墨的颜色不得不被丢掉。请问:这 100 张请柬的成本是多少?应如何处理? 94-442 号订单的价格是多少?

6. 鸿飞体育用品商店销售各种体育用品和体育服装。鸿飞体育用品商店在后屋安装了热转印设备,用来为小团队制作个性化的 T 恤。通常每个队员的名字印在 T 恤的背面。上星期,公牛队的教练戴维带来她的队员名单。她的队里有 12 名队员,姓名如下:Freda, Cara, Katie, Tara, Heather, Sarah, Kim, Jennifer, Mary Beth, Elizabeth, Kyle 和 Wendy。鸿飞体育用品商店向戴维开的价是每个字母 5 元。

鸿飞体育用品商店的新雇员吉波负责戴维的这批工作。他挑出相应的字母,并仔细地在每件 T 恤上将字母排成一个名字,然后将它们热转印刷在 T 恤上。当戴维回来时,她吃惊地看到名字都被印在了 T 恤的前面。这家商店的业主吉姆向戴维保证可用更高的热度将这些字母去掉。这个过程去掉了错印的字母,然后将新的字母正确地移印在 T 恤的背面。他许诺马上修改并在 1.5 小时内完成。

热转印的成本如表 4-15 所示。

表 4-15 热转印的成本

字母(元/个)	1.5
直接人工(元/h)	80
间接费用(元/直接人工工时)	40

戴维的这批工作最初用了一个直接人工工时,清除过程比较快,只用了 15min。

要求:

(1) 戴维的这批工作的最初成本是多少?

(2) 戴维的这批工作的返修成本是多少?应如何处理返修成本?

(3) 鸿飞体育用品商店应向戴维收多少钱?

7. 华东机械公司今年新增加了一个辅助生产车间即供汽车间,该车间主要生产蒸汽用的燃料是原煤,生产的蒸汽主要由机械加工、冲压、供电和运输等车间使用,其他部门使用的较少。本月供汽车间共发生费用 80 万元,供电车间发生费用 120 万元,运输车间发生费用 90 万元。各辅助生产车间相互耗用劳务的情况如表 4-16 所示。

表 4-16 各辅助生产车间相互耗用劳务情况

耗用劳务单位	供汽车间/m³	供电车间/kW	运输车间/km
供汽车间	—	10 000	12 000
供电车间	20 000	—	4 000
运输车间	5 000	25 000	—

财务部领导向今年新招的会计学毕业生王维提出如下问题并要求解答。

(1) 原来公司采用直接分配法分配辅助生产费用,这种分配方法是否合适,有什么优缺点？

(2) 新增加了一个辅助生产车间，是否需要对辅助生产费用分配方法进行改变？

(3) 若需要改变辅助生产费用的分配方法，采用什么方法比较合适？请提供几种方案供领导决策时选择。

8. 恒大设备制造公司今年9月开始生产甲乙丙三种新产品耗用A材料，有关资料如表4-17所示。

表4-17 甲乙丙三种新产品耗用A材料的情况

产品名称	产量（件）	重量/kg	材料消耗定额/元	材料单价/元	单位材料定额成本/元
甲产品	100	30 000	200	9	1 800
乙产品	300	50 000	150	9	1 350
丙产品	500	190 000	370	9	3 300
合计	900	270 000			

注：表中重量是产品的重量。

本公司以前采用按产品的产量比例对材料费用进行分配，本月共使用A材料300 000kg，单价9元/kg。财务部宋经理在向今年新招的会计学毕业生王鑫介绍了公司生产产品使用的材料以及产品的情况后，提出如下几个问题，并请其在调查后回答：

(1) 本公司目前采用的材料费用的分配方法是否合适？

(2) 本月开始生产的新产品应采用什么方法分配材料费用？

(3) 对本公司材料费用的分配方法提出进一步改进的意见。

假如王鑫调查后发现，上述三种产品对原材料A的消耗与它们的重量相关，请问该公司对材料A应该采用什么方法进行分配？

六、案例分析

1. 彩虹公司的市场经理林冲对近期的两个报价结果很迷惑。该公司的政策是按照全部制造成本的150%报价。一批产品（编号为97-28）被一个本来有希望成交的客户拒绝了，该客户暗示19元/单位的报价太高，不够吸引人。第二批产品（编号为97-35）被一个客户接受了，他很奇怪彩虹公司竟提供如此诱人的价格。这个客户透露出彩虹公司的价格比一般市场价格低41元/单位。

林冲被告知公司在成本控制方面较具竞争力。于是，他开始怀疑这些问题与成本分配程序有关，林冲被告知公司使用的是以直接人工工时为基础的工厂间接费用分配率。该分配率是根据年初的预算数据计算的。具体预算数据如表4-18所示。

表4-18 具体预算数据

	A部门	B部门	总计
间接费用（元）	500 000	2 000 000	2 500 000
直接人工工时/h	200 000	50 000	250 000
机器工时/h	20 000	120 000	140 000

林冲还发现B部门的间接费用要高于A部门的间接费用，这是因为B部门有更多的

设备、更高的能源消耗、更高的折旧费和更高的设备调整成本。除了分配间接费用的一般程序外，林冲还得到了编号为 97-28 和 97-35 的订单的具体数据（见表 4-19 和表 4-20）。

表 4-19　97-28 号订单具体数据

项　目	A 部门	B 部门	总　计
直接人工工时/h	5 000	1 000	6 000
机器工时/h	200	500	700
主要成本（元）	100 000	20 000	120 000
产量	14 400	14 400	14 400

表 4-20　97-35 号订单具体数据

项　目	A 部门	B 部门	总　计
直接人工工时/h	400	600	1 000
机器工时/h	200	3 000	3 200
主要成本（元）	10 000	40 000	50 000
产量	1 500	1 500	1 500

要求：

（1）用以直接人工工时为基础的工厂间接费用分配率，计算 97-28 号订单和 97-35 号订单的报价（以为单位产品的报价表示）。

（2）用部门间接费用分配率（A 部门用直接人工工时，B 部门用机器工时），计算 97-28 号工订单和 97-35 号订单的单位产品报价。

（3）计算公司使用部门间接费用分配率代替工厂间接费用分配率制定的报价所获得的净利润的差异。

（4）解释这个案例中为什么使用部门间接费用分配率可以提供更精确的产品成本。

2. 刚德森公司的零件分部的会计师和主计长艾比·格林与该分部的经理巴特·亚当斯聚在一起进行讨论。讨论的主题就是间接费用对批次的分配和间接费用对该分部定价决策的影响。他们讨论内容列示如下：

艾比：巴特，你知道，我们的业务中有 25% 是建立在政府合同的基础上，而其他的 75% 是通过报价从私人那里取得的。最近这几年，我们的私人业务下降。我们丢失的订单比以往都多。经过仔细调查，我认为，我们对一些批次的定价过高，而对一些批次的定价过低，这是由于我们不恰当的分配间接费用政策造成的。不幸的是，定价过高的批次是我们产量较大、劳动密集型的产品，所以我们丢掉了许多业务。

巴特：我想我能明白。与高产量产品相关的批次实际分得的间接费用要高于其应分得的间接费用。所以当我们加上我们标准的 40% 利润后，最后得出的价格要高于成本分配更精确的竞争对手。

艾比：对。我们有两个生产部门，一个是劳动密集型的部门，另一个是机器密集型的部门。劳动密集型部门发生的间接费用要比机器密集型部门的少得多。而且，我们所有高产量的批次实际上都是劳动密集型的。我们是采用以直接人工工时为基础的工厂间接费用分配率将间接费用分配到所有批次的。因此，高产量、劳动密集型的批次分到了更多的应由机器密集型部门承担的间接费用份额。这个问题可以通过采用部门间接费用分配率得到很大程度的改善。举个例子，使用工厂间接费用分配率平均每个高产量批次分到 100 000

元的间接费用，而使用部门间接费用分配率，只分到 70 000 元的间接费用。平均每个批次 42 000 元的变化可以降低高产量批次的报价。通过提高产品成本计算的精确度，我们就能做出更好的价格决策，赢回大量的私人部分的业务。

巴特：听起来不错。你什么时候能完成对间接费用分配率的改变？

艾比：很快。我们能在 4~6 周内启用新系统——肯定在新的会计年度开始之前。

巴特：等一下。我刚才想到一个棘手的问题。我记得我们大部分政府合同都是在劳动密集型部门生产的。这个新的间接费用分配计划将降低政府批次的成本，我们将失去一些收入。他们支付给我们的是全部成本加上标准利润。这些业务不受我们现在成本的威胁，但我们不能只改变私人业务的间接费用分配率。政府审计会质疑我们在成本计算方法上缺乏一贯性。

艾比：你确实说到了关键。我也想到这个问题。据我估计，我们从私人业务部分获得的收益的增加额要高于在政府合同部分失去的利益。而且政府批次的成本是扭曲的，实际上是对政府的收费过高。

巴特：他们不知道而且永远也不会知道，除非我们改变间接费用分配方法。我想我有办法。表面上我们仍保持我们的工厂间接费用分配率。所有公开的记录都反映我们的私人业务和政府业务仍采用这种间接费用分配方法。私底下，我想让你准备一套独立的账簿，用以生成我们为私人业务制定的具有竞争性的报价所需要的信息。

要求：

(1) 你认为巴特提出的解决方案道德吗？请解释原因。

(2) 假设艾比认为巴特的解决方案是不对的。照你看来，艾比的观点与会计师协会的道德行为准则一致吗？

(3) 假设尽管艾比反对，巴特仍强烈坚持实施这种行为。艾比应当怎么办？

练习题参考答案

一、单项选择题

题号	1	2	3	4	5	6	7	8	9	10	11	12	13	14	15
答案	A	D	B	C	C	C	B	C	C	D	A	D	D	B	A

二、多项选择题

题号	1	2	3	4	5	6	7	8	9	10
答案	ABCD	BCD	ABD	CD	BCD	ABCD	BC	ABC	ABCD	AB

三、判断题

题号	1	2	3	4	5	6	7	8	9	10
答案	×	√	×	√	√	√	√	√	×	×

第四章　费用在各种产品之间的归集和分配

▶ 四、业务题

练习一（略）

练习二（略）

练习三

(1) 表4-9中借方合计数为20 298元。
　　表4-10中借方合计数为17 507.5元。
(2) 在建工程分配的机修车间费用＝698×6＝4 188（元）
(3) 动力车间的费用分配率＝20 298÷4 700＝4.318 7（元/h）
　　运输车间的费用分配率＝13 319.5÷1 600＝8.324 7（元/h）
(4) 略

练习四

(1) 直接分配法：
　　供电车间的分配率＝12 000÷(28 000+12 000)＝0.3（元/kW·h）
　　供水车间的分配率＝1 840÷(5 000+1 000)＝0.306 7（元/t）
(2) 一次交互分配法：
　　交互分配：
　　供电车间的分配率＝12 000÷50 000＝0.24（元/kW·h）
　　供水车间的分配率＝1 840÷8 000＝0.23（元/t）
　　对外分配：
　　供电车间的分配率
　　＝(12 000+2 000×0.23−10 000×0.24)÷40 000＝0.251 5（元/kW·h）
　　供水车间的分配率
　　＝(1 840−2 000×0.23+10 000×0.24)÷6 000＝0.63（元/t）
(3) 计划分配法：
　　供电车间的实际成本＝12 000+2 000×0.5＝13 000（元）
　　供水车间的实际成本＝1 840+10 000×0.3＝4 840（元）
　　供电车间的成本差异＝13 000−15 000＝−2 000（元）
　　供水车间的成本差异＝4 840−4 000＝840（元）
(4) 代数分配法：
　　供电车间的分配率＝0.262 3（元/kW·h）
　　供水车间的分配率＝0.557 9（元/t）

练习五

(1) 第一基本生产车间制造费用发生额＝18 281.36（元）
　　第二基本生产车间制造费用发生额＝13 038.61（元）
　　（注意：包括练习三中辅助生产分配的费用）
(2) #101、#102和#201产品分摊的制造费用分别为：10 573.54元、7 707.82元、

13 038.61 元。

练习六

产品成本明细账（答案）如表 4-21 所示。

表 4-21　产品成本明细账（答案）

产品名称：乙产品　　　　　　　　　　完工产品数量：2 900 件　　　　　　　　　　单位：元

月	日	摘　要	直接材料	燃料及动力	直接人工	制造费用	废品损失	合　计
		期初余额						
		本月生产费用	96 000	31 500	24 975	36 000		188 475
		生产费用累计	96 000	31 500	24 975	36 000		188 475
		减：不可修复废品生产成本	3 200	1 050	832.50	1 200		6 282.50
		结转本月废品净损失					11 103.50	11 103.50
		本月完工产品成本转出	92 800	30 450	24 142.5	34 800	11 103.50	193 296.00
		月末在产品费用						

完工产品的单位成本 = 193 296 ÷ 2 900 = 66.65（元/件）

五、简答与讨论题（略）

六、案例分析（略）

第五章

完工产品和在产品成本的划分

\学习目的与要求\

本章主要阐述完工产品与在产品成本的划分方法。

学习本章,要掌握在产品的含义,理解在产品数量核算的意义与方法,掌握完工产品与月末在产品成本划分的各种方法及适用条件,熟悉完工产品成本结转的账务处理。

学习重点与难点

一、产品成本的基本流转模型

企业在生产过程中所发生的生产费用,经过一系列的分配和归集后,对于应计入本月产品成本的各项费用已直接或间接地归集在"生产成本——基本生产成本"科目及其所属的明细账中,并按成本项目予以反映。如果月末既有完工产品又有未完工在产品,基本生产成本明细账中归集的生产费用之和,应在完工产品与月末在产品之间进行划分。在这里存在一个基本的产品成本流转模型,即

月初在产品成本+本月生产费用=本月完工产品成本+月末在产品成本

二、在产品数量的核算

1. 在产品的含义

在产品,又称在制品,是指没有完成全部生产过程,不能作为商品销售的产品,它有广义和狭义之分。

广义在产品,是从整个企业来说的,它是指从材料投入生产开始,到最终制成产成品交付验收前的一切未完工产品,包括正在车间加工中的在产品和需要继续加工的半成品、等待验收入库的产成品、正在返修和等待返修的废品等,但不包括对外销售的自制半成品和不可修复的废品。

狭义的在产品是从某一车间或某一生产步骤来说的,在产品只包括本车间或本步骤正在加工中的那部分在产品或装配的零件、部件和半成品,不包括本车间或本生产步骤已完工的半成品。

2. 在产品数量的核算

在产品数量的核算,应同时具有账面核算资料和实际盘点资料。在产品数量的核算,是在车间内按产品的品种和在产品的品名(如零部件的品名)设置"在产品收发结存

账"，以提供车间各种在产品收发结存动态的业务核算资料。为了使在产品的账面数与其实际结存数一致，应定期或不定期地对在产品进行清查，对于清查结果应该编制"在产品盘点表"，并与在产品收发结存账相核对，如有不符，应填制"在产品盘盈盘亏报告表"，并据此进行有关在产品盘盈和盘亏的核算。

▶ 三、完工产品和在产品成本的划分方法

根据"月初在产品成本+本月生产费用=本月完工产品成本+月末在产品成本"的产品成本基本流转模型，完工产品与月末在产品成本的划分方法有两类，一类是先确定月末在产品成本，然后再计算完工产品成本，如不计算在产品成本法、在产品成本按年初固定数计算法、在产品成本按所耗原材料费用计算法以及在产品按定额成本计价法；另一类是将月初在产品费用加上本月发生的产品费用，采用一定的标准进行分配，同时计算出完工产品成本和月末在产品成本，如在产品成本按完工产品成本计算法、约当产量法和定额比例法。

1. 不计算在产品成本法

不计算在产品成本法是指月末虽然有在产品，但不计算其成本，可理解为月末、月初在产品成本假设为零，则本月发生的就是完工产品的成本。前提条件是：各月末在产品数量很少且成本很低。

2. 在产品按固定成本计价法

在产品按固定成本计价法是指对各月月末在产品成本按年初在产品成本计算，即各月在产品的成本固定不变。则月初、月末在产品成本之差为零，因此本月发生的费用就是完工产品的成本。适用条件是：月末在产品数量较少，或者数量虽多，但各月之间变化不大。

3. 原材料扣除法

原材料扣除法是指月末在产品成本只计算耗用的原材料费用，不计算所耗用的其他费用，其他费用全部由完工产品成本负担。这种方法主要适用于材料成本在全部产品成本中所占比重较大的产品。

4. 在产品按定额成本计价法

在产品按定额成本计价法是指月末在产品成本按定额成本计算，该种产品的全部生产费用，减去按定额成本计算的月末在产品成本，余额即为本月完工产品成本。这种方法适用于各项消耗定额或费用定额比较准确，定额管理比较健全的企业。

5. 约当产量法

这种方法的原理是将本月所归集的应由产品负担的生产费用按完工产品数量和月末在产品约当产量的比例进行分配。

约当产量是指月末在产品数量按其加工程度和投料程度折合为相当于完工产品的数量。在这里应该掌握投料程度的测定方法和完工程度的测定方法。

6. 在产品成本按完工产品成本计价法

在产品成本按完工产品成本计价法是指在产品成本按完工产品成本计算。这种方法适用于月末在产品已经接近完工，或者已经加工完毕，只是尚未验收或包装入库的产品。这种方法可以理解为约当产量法的一种特殊情况，即在产品的完工程度为100%，也就是按

完工产品数量和在产品数量的比例进行分配。

7. 定额比例法

定额比例法是指以定额资料为标准，将应由产品负担的费用按照完工产品和月末在产品定额消耗量或定额费用的比例进行分配的方法。这种方法适用于定额管理基础较好，各项消耗定额或费用定额比较准确、稳定，各月末在产品数量变化较大的产品。

基本名词概念

（1）在产品是指没有完成全部生产过程，不能作为商品销售的产品。

（2）约当产量是指月末在产品数量按其加工程度和投料程度折合为相当于完工产品的数量。

练 习 题

一、单项选择题

1. 狭义的在产品只包括该车间或该步骤正在加工中的那部分（　　）。
   A. 在产品　　　　　　　　　　B. 半成品
   C. 产成品　　　　　　　　　　D. 对外销售的自制半成品

2. 在产品成本按完工产品成本计算的前提条件是（　　）。
   A. 月末在产品数量很大　　　　B. 在产品已接近完工
   C. 在产品原材料费用比重大　　D. 月末在产品数量稳定

3. 在产品成本按定额成本计算，月末在产品定额成本与实际成本的差异应该（　　）。
   A. 全部由完工产品负担　　　　B. 全部由在产品负担
   C. 结转给管理费用负担　　　　D. 由完工产品和在产品共同负担

4. 某企业某种产品生产工时定额为 40h，该产品生产经过两道工序，第一道工序工时定额为 30h，第二道工序的定额工时为 10h，则第二道工序在产品的完工程度为（　　）。
   A. 37.5%　　　　　　　　　　　B. 50%
   C. 87.5%　　　　　　　　　　　D. 90%

5. 对于月末在产品数量大，各月末在产品数量变化也较大，而且产品成本中原材料费用和其他加工费用相差不多的产品，应该采用（　　）。
   A. 在产品按年初固定数计价　　B. 在产品按固定成本计价
   C. 约当产量法　　　　　　　　D. 在产品按所耗原材料费用计价

6. 某产品经过两道工序加工而成，其原材料分两道工序在每道工序开始时一次投入，第一道工序原材料消耗定额为 30kg，第二道工序原材料消耗定额为 20kg，则第二道工序在产品的投料程度为（　　）。
   A. 20%　　　　　　　　　　　　B. 40%
   C. 80%　　　　　　　　　　　　D. 100%

7. 下列不属于在产品成本计算方法的是（   ）。
   A. 约当产量法   B. 工时比例分配法
   C. 按所耗原材料费用计算法   D. 定额比例法
8. 在产品成本按完工产品成本计算，亦即（   ）。
   A. 在产品总成本＝完工产品总成本
   B. 在产品单位成本＝完工产品单位成本
   C. 在产品直接材料成本＝完工产品直接材料成本
   D. 期初在产品成本＝期末在产品成本＝完工产品成本
9. 假定某工业企业某种产品本月完工 200 件，月末在产品 80 件，在产品完工程度测定为 60%，月初和本月发生的原材料费为 9 424 元，原材料随着加工进度陆续投入，则完工产品和月末在产品的原材料费用分别为：（   ）。
   A. 7 600 元和 1 748 元   B. 7 600 元和 3 040 元
   C. 7 600 元和 1 824 元   D. 6 731.43 元和 2 692.57 元
10. 某产品经过两道工序加工而成，第一道工序的在产品数量为 100 件，完工程度为 20%，第二道工序的月末在产品数量为 200 件，完工程度为 70%，据此计算的月末在产品的约当产量为（   ）。
    A. 20 件   B. 135 件
    C. 140 件   D. 160 件
11. 某制造企业本期生产费用合计为 136 000 元，完工产品 500 件，期末在产品 300 件，在产品投料程度和完工程度都为 60%。在进行完工产品和在产品成本划分时，在产品投料程度和完工程度如果都按 50% 计算，会造成（   ）。
    A. 完工产品成本虚增 462 元   B. 完工产品成本不变
    C. 期末在产品成本虚增 462 元 D. 期末在产品成本不变
12. 企业本月完工产品 120 件，期末在产品 30 件，月初在产品和本月新投入的材料费用合计为 13 200 元，在产品投料程度 20%。如果将在产品投料程度人为提高为 40%，则会造成（   ）。
    A. 每件在产品材料成本下降 19.05 元   B. 每件在产品成本材料提高 20 元
    C. 每件在产品材料成本提高 19.05 元   D. 每件在产品成本材料下降 20 元
13. 企业月初在产品 50 件，成本 5 000 元；本月新投产 100 件，成本 22 600 元。月末在产品 60 件，投料程度和完工程度都是 80%，本月完工产品 90 件。如果月末在产品投料和完工程度按 60% 计算，则会造成（   ）。
    A. 每件完工产品成本下降 19.05 元
    B. 每件完工产品成本提高 19.05 元
    C. 每件在产品成本为 200 元
    D. 每件完工产品成本为 219.05 元

二、多项选择题

1. 广义在产品包括（   ）。
   A. 正在各个车间加工中的在制品

B. 已经完成一个或几个生产步骤，但还需继续加工的自制半成品

C. 等待返修的可修复废品

D. 已完工但尚未验收入库的产成品

2. 在产品盘亏报废批准处理时，借记的科目可能有（　　）。

　A. 其他应收款　　　　　　B. 营业外支出

　C. 制造费用　　　　　　　D. 生产成本——基本生产成本

3. 约当产量法适用于（　　）。

　A. 月末在产品接近完工　　B. 期末在产品数量较大

　C. 各月在产品数量变化较大　D. 各月在产品数量变化较小

4. 若采用定额比例法进行完工产品与月末在产品成本的划分，应考虑的条件是（　　）。

　A. 定额管理基础较好　　　B. 消耗定额比较稳定

　C. 各月末在产品数量变化较大　D. 各项消耗定额变动较大

5. 在确定完工产品与月末在产品成本划分方法时，应考虑的因素有（　　）。

　A. 各月末在产品数量多少　B. 各月末在产品数量变化大小

　C. 各项费用比重的大小　　D. 定额管理基础的好坏

6. 某产品采用约当产量法进行完工产品和在产品成本划分，影响完工产成品单位成本的因素包括（　　）。

　A. 完工产品产量　　　　　B. 在产品产量

　C. 在产品完工程度　　　　D. 在产品投料程度

7. 如会计人员人为虚减期末在产品约当产量，并且本期完工产品全部销售出去时，这将会导致（　　）。

　A. 完工产品多计成本　　　B. 产品销售成本上升

　C. 当期利润下降　　　　　D. 期末在产品少计成本

三、判断题

1. 在产品是指某一车间或某一工序正在加工中的那一部分产品。（　　）

2. 约当产量可以用产品所耗用的各种资源的投入量表示。（　　）

3. 在月末计算产品成本时，如果某种产品已全部完工并且验收入库，或者该产品全部没有完工，那么其产品成本明细账中归集的生产费用之和就不必在完工产品与月末在产品成本之间进行划分。（　　）

4. 采用约当产量法进行完工产品与月末在产品成本划分时，分配原材料费用与分配加工费用所用的完工率总是一致的。（　　）

5. 报废、毁损在产品的残值，一般直接冲减"生产成本——基本生产成本"账户。（　　）

6. 采用原材料扣除法时，应按完工产品与月末在产品的数量比例在完工产品和在产品之间分配原材料费用。（　　）

7. 按定额比例法计算月末在产品成本，一般以原材料定额消耗量作为分配标准。（　　）

8. 月末在产品接近完工时,则月末在产品可按年初固定数计算。（ ）

9. 采用约当产量法计算在产品成本时,如果企业单独设置了"燃料和动力"成本项目,其金额又较大,分配"燃料和动力"费用时,应按完工程度计算在产品的约当产量。（ ）

10. 当月末既有完工产品,又有未完工产品时,就必须将归集的生产费用任意选择一种方法在完工产品和月末在产品之间进行划分。（ ）

四、业务题

练习一

1. 目的：练习完工产品与在产品成本划分的约当产量比例法。
2. 资料：

某产品经过两道工序完工。其工时定额为：第一道工序40h,第二道工序60h。各工序在产品的工时定额按本工序工时定额的50%计算。该产品月末在产品的数量为：第一道工序200件,第二道工序400件。月末完工产品600件。月初在产品和本月的直接人工费用共计4 600元。

3. 要求：

（1）计算每道工序在产品的完工率。
（2）计算月末在产品的约当产量。
（3）按约当产量法计算完工产品与月末在产品的直接人工费用。

练习二

1. 目的：练习完工产品与月末在产品成本划分的方法。
2. 资料：

（1）某厂生产某种产品,生产特点是逐步投料逐步加工,而且该厂在产品成本只计算原材料成本,本月生产费用及产量情况如表5-1所示。

表5-1　产品成本明细账

产品名称：　　年　　月　　日

完工产品数量：13 000件
在产品数量：4 000件
完工程度：50%

单位：元

摘　要	直接材料	直接人工	制造费用	合　计	贷　方	余　额
期初在产品	52 000			52 000		
本期生产费用	527 000	19 500	29 900	576 400		

（2）某工厂生产某种产品,生产特点是一次投料逐步加工,而且该厂在产品成本只计算原材料成本,各项资料详情如表5-2所示。

表 5-2　产品成本明细账

产品名称：　　　年　　月　　日

完工产品数量：18 000 件
在产品数量：4 000 件
单位：元

摘　　要	直接材料	直接人工	制造费用	合　计	贷　方	余　额
期初在产品	60 000			60 000		
本期生产费用	611 000	21 800	27 000	659 800		

（3）某厂生产某种产品，生产特点是一次投料逐步加工。该厂在产品成本按原材料定额成本计算，不计工费。每件材料定额成本为34元，各项资料详情如表5-3所示。

表 5-3　产品成本明细账

产品名称：　　　年　　月　　日

完工产品数量：20 000 件
在产品数量：2 000 件
单位：元

摘　　要	直接材料	直接人工	制造费用	合　计	贷　方	余　额
期初在产品	64 000			64 000		
本期生产费用	600 000	54 800	85 200	740 000		

要求：根据上述资料分别计算完工产品与月末在产品成本。

五、简答与讨论题

1. 在产品数量与完工产品成本计算有何联系？
2. 完工产品与在产品成本划分的方法有哪些？
3. 定额比例法与在产品按定额成本计价法在分配完工产品与在产品成本时有何区别？

六、案例分析

案　例　一

大多数经理都会受到激励，努力做好工作。他们的领导（例如高管层、董事会、公司股东）都采用利润指标计量绩效。这就激励经理们操纵利润数字，使他们看上去更优秀。这并不是说所有或大部分经理都操纵利润数字，而只是表明他们有动机这么做。操纵利润的方法之一就是虚报在产品的完工程度。如博雅制造公司采用约当产量法进行完工产品和在产品成本划分，投料程度和完工程度保持一致。8月产品的成本信息如

表 5-4 所示。

表 5-4 8 月产品成本

产　品	成　本（元）
期初在产品（8 月 1 日，完工程度 60%）	500 000
8 月投产	2 000 000
8 月完工入库	2 100 000
期末在产品（8 月 31 日，完工程度 40%）	400 000

由于公司总裁承担着增加企业利润的巨大压力，他告诉成本会计人员，将期末在产品的估计完工程度从 40% 改为 60%。

讨论：

(1) 计算这一变化将对 8 月即将转为产成品的成本有什么影响？
(2) 这符合道德吗？
(3) 从长期来看，这可能成为影响利润的长期战略吗？
(4) 请问高估在产品的约当产量会带来哪些问题？

案　例　二

曾经的"水产第一股"獐子岛所养殖的深海扇贝频频"受灾"，已经 4 次上演"扇贝跑路"的荒诞剧情，多年来"扇贝跑了""扇贝饿死"成了獐子岛业绩"变脸"的主要理由。

2014 年 10 月，獐子岛公告称，2011 年与 2012 年的底播虾夷扇贝，因受冷水团异动导致的自然灾害影响近乎绝收，獐子岛巨亏 11.89 亿元。2018 年 1 月，獐子岛又上演"扇贝跑路"第二季——獐子岛称，海洋灾害导致扇贝瘦死，2017 年亏损 7.23 亿元。2019 年一季度，獐子岛又声称因扇贝"受灾"而导致亏损 4 314 万元，被调侃为"扇贝跑路"之第三季。"扇贝跑路"之第四季还在继续，2019 年 11 月，獐子岛又发布公告称，底播虾夷扇贝短时间内"大规模自然死亡"，预计损失 2.78 亿元。

6 年里 4 次上演"扇贝去哪儿"堪称魔幻，这使獐子岛一再引发外界和监管机构关注。市场虽然对獐子岛 2014 年以来的财务数据存疑，也曾多次开展对其海产养殖业务的调查，但獐子岛均以海产养殖行业本身存在的自然环境等不可控风险予以解释。

2018 年 2 月 9 日，獐子岛收到证监会的《调查通知书》，因公司涉嫌信息披露违法违规，被证监会立案调查。

獐子岛案的查证涉及对深海养殖水产品底播、捕捞、运输和销售记录的全过程追溯。由于深海养殖生物资产所固有的特性，其盘查工作十分困难且技术含量极高，对于存货和成本的真实性、准确性以及价值的认定等相关的重大错报风险的影响也更大。

獐子岛增殖分公司每月底集中结转底播虾夷扇贝成本，以时任獐子岛公司增殖分公司经理和副经理的于成家和赵颖每月底提供的当月虾夷扇贝捕捞区域（采捕坐标）作为成本结转的依据。整个过程无逐日采捕区域记录可以参考，财务人员也没有有效手段核验。证监会多次请獐子岛配合提供采捕船只的航海日志、逐日出海捕捞区域或位置等记录，以核实数据，但獐子岛均以未记录每日采捕区域为由不予提供。为还原真实采捕情况，证监会借助北斗卫星定位数据，对獐子岛 27 条采捕船只数百万余条海上航行定位数据进行分析，委托两家第三方专业机构运用计算机技术还原采捕船只的真实航行轨迹，复原了公司最近两年真实的采捕海域，进而确定实际采捕面积。并且为了保证数据的真实、准确、客观、完整，证监会并非单独使用两份第三方机构报告，而是把中科宇图科技股份有限公司和中国水产科学研究院东海水产研究所两家机构通过不同方法得出的三版采捕区域图结合起来相互印证，确保复原的捕捞航行轨迹高度一致。

证监会调查结果显示：

獐子岛账面记载的各月拖网捕捞区域与中科宇图制作的单月拖网捕捞轨迹图，有明显差异。比对发现獐子岛账面有重复结转成本的情形，账面采捕区域还涵盖了部分内区，甚至涵盖了岛屿。

根据獐子岛成本结转方法，獐子岛 2016 年真实采捕区域较账面多 13.93 万亩[一]，致使账面虚减营业成本 6 002.99 万元。同时，对比 2016 年初和 2017 年初库存图，部分 2016 年有记载的库存区域虽然没有显示采捕轨迹，但在 2016 年底重新进行了底播，根据獐子岛成本核算方式，上述区域应重新核算成本，既往库存成本应做核销处理，致使账面虚减营业外支出 7 111.78 万元。

受虚减营业成本、虚减营业外支出影响，獐子岛 2016 年年度报告虚增资产 13 114.77 万元，虚增利润 13 114.77 万元，虚增利润占当期披露利润总额的 158.15%，2016 年年度报告中利润总额为 8 292.53 万元，净利润为 7 571.45 万元，追溯调整后利润总额为 -4 822.23 万元，净利润为 -5 543.31 万元。

此外，根据獐子岛 2016 年度盘点记录，2017 年 1 月 8 日、1 月 11 日、1 月 12 日、1 月 16 日、1 月 17 日、1 月 23 日、1 月 24 日、1 月 25 日、2 月 3 日、2 月 7 日、2 月 12 日、2 月 13 日进行了 2016 年度盘点，合计 130 个点位，使用科研 19 号船。通过比对发现，2013 年贝底播区域的 34 个点位中有 12 个已实际采捕，2014 年贝底播区域的 36 个点位有 32 个已实际采捕。

獐子岛 2017 年账面记载采捕面积较真实情况多 5.79 万亩。经比对实际采捕区域与账面结转区域，獐子岛存在随意结转的问题，且存在将部分 2016 年实际采捕海域调至 2017 年度结转成本，致使 2017 年度虚增营业成本 6 159.03 万元。

同时，比对獐子岛 2016 年初库存图和 2017 只贝底播图，部分 2016 年有记载的库存区域虽然在 2016 年和 2017 年均没有显示采捕轨迹，也没有在 2016 年底播，但在 2017 年底重新进行了底播，根据獐子岛成本核算方式，上述区域应重新核算成本，既往库存成本应作核销处理，致使 2017 年账面虚减营业外支出 4 187.27 万元。

根据獐子岛 2017 年度盘点记录，2018 年 1 月 18 日、1 月 19 日、1 月 20 日、1 月 27 日、1 月 28 日、1 月 29 日、1 月 30 日、1 月 31 日、2 月 1 日、2 月 2 日、2 月 4 日、2 月 7 日进行了 2017 年度盘点，合计 351 个点位，使用科研 19 号船和 6 艘采捕船只。1 月 27 日盘点发现扇贝异常后，獐子岛加大了盘点密度并增派采捕船只参与盘点。通过比对发现，

[一] 1 亩 = 666.6 m^2。

2014年贝底播区域的70个点位已全部实际采捕，2015年贝底播区域的119个点位中有80个点位已实际采捕。

獐子岛2018年2月5日发布了《关于底播虾夷扇贝2017年终盘点情况的公告》（以下简称《年终盘点公告》），2018年4月28日发布了《关于核销资产及计提存货跌价准备的公告》（以下简称《核销公告》），对107.16万亩虾夷扇贝库存进行了核销，对24.30万亩虾夷扇贝库存进行了减值，金额分别为57 757.95万元和6 072.16万元。调查发现，獐子岛盘点未如实反映客观情况，核销海域中，2014年、2015年和2016年底播虾夷扇贝分别有20.85万亩、19.76万亩和3.61万亩已在以往年度采捕，致使虚增营业外支出24 782.81万元，占核销金额的42.91%；减值海域中，2015年、2016年底播虾夷扇贝分别有6.38万亩、0.13万亩已在以往年度采捕，致使虚增资产减值损失1 110.52万元，占减值金额的18.29%。

据此，公司发布的《年终盘点公告》《核销公告》均涉嫌虚假记载。

受虚增营业成本、虚增营业外支出和虚增资产减值损失影响，獐子岛公司2017年年度报告虚减利润27 865.09万元，占当期披露利润总额的38.57%，追溯调整后，业绩仍为亏损。

梳理獐子岛的造假数据不难发现，由于獐子岛在2014年和2015年连续亏损，为了避免触发强制退市的危机，在2016年虚减成本，制造了盈利假象，使得獐子岛避免退市并顺利摘帽。在2017年又将2016年虚减的成本累加，造成了亏损的数字增加，以补算此前的成本。

此外，从卫星监测情况来看，獐子岛上报的账面采捕区域甚至涵盖了岛屿，其在2017年披露的《秋测结果公告》提及的120个抽测点位，也被卫星定位系统揭穿，抽测船只并没有经过其中60个点位，这说明抽测船只根本没有在这些点位进行过抽测。獐子岛凭空捏造"抽测"数据，掩盖自身资产盘点混乱的问题。

2020年6月24日，证监会正式公布《对獐子岛公司案作出行政处罚及市场禁入决定》，即獐子岛公司在2014年、2015年已连续两年亏损的情况下，客观上利用海底库存及采捕情况难发现、难调查、难核实的特点，不以实际采捕海域为依据进行成本结转，导致财务报告严重失真，2016年通过少记录成本、营业外支出的方法将利润由亏损披露为盈利，2017年将以前年度已采捕海域列入核销海域或减值海域，夸大亏损幅度，此外，公司还涉及《年终盘点报告》和《核销公告》披露不真实、秋测披露不真实、不及时披露业绩变化情况等多项违法事实，违法情节特别严重，严重扰乱证券市场秩序、严重损害投资者利益，社会影响极其恶劣。对獐子岛公司给予警告，并处以60万元罚款，对15名责任人员处以3万元至30万元不等罚款，对4名主要责任人采取5年至终身市场禁入。

讨论：

(1) 獐子岛的成本结算依据是什么？
(2) 獐子岛在成本结算中存在的问题是什么？
(3) 2016年獐子岛虚增资产和虚增利润的方法是什么？
(4) 2017年獐子岛虚增营业成本6 159.03万元的方法是什么？

练习题参考答案

一、单项选择题

题号	1	2	3	4	5	6	7	8	9	10	11	12	13
答案	A	B	A	C	C	D	B	B	C	D	A	C	B

二、多项选择题

题号	1	2	3	4	5	6	7
答案	ABCD	ABC	BC	ABC	ABCD	ABCD	ABCD

三、判断题

题号	1	2	3	4	5	6	7	8	9	10
答案	×	√	√	×	×	√	×	×	√	×

四、业务题

练习一

（1）两道工序的完工率分别为20%，70%。

（2）期末在产品数量为320件。

（3）完工产品成本为3 000元，期末在产品成本为1 600元。

练习二

（1）完工产品成本为551 200元，期末在产品成本为77 200元。

（2）完工产品成本为597 800元，期末在产品成本为122 000元。

（3）完工产品成本为736 000元，期末在产品成本为68 000元。

五、简答与讨论题（略）

六、案例分析（略）

第六章

产品成本计算方法概述

 \学习目的与要求\

本章主要阐述生产特点和管理要求对产品成本计算方法的影响，以及由此形成的产品成本计算的基本方法和辅助方法。

学习本章，要掌握企业的生产类型及其特点；理解生产特点和管理要求对产品成本计算方法的影响；了解产品成本计算的基本方法和辅助方法划分的意义和划分的标准。

学习重点与难点

1. 企业的生产类型及其特点

企业的生产类型及其特点，对企业选择产品成本计算方法有着重要的影响。企业的生产类型可以按工艺技术过程的特点和生产组织的特点两个方面进行划分。产品生产按照其工艺技术过程的特点可分为单步骤生产和多步骤生产两种。按产品生产的组织方式，可以分为大量生产、成批生产和单件生产。

2. 生产特点和成本管理要求对产品成本计算的影响

产品成本是在生产过程中形成的，计算什么的成本和采用什么方法计算成本，在很大程度上取决于生产的特点（包括工艺过程特点和生产组织特点）；同时，由于成本计算是为成本管理提供资料，因而计算什么的成本和采用什么方法计算成本，又要考虑管理上的要求。因此，企业选择产品成本计算方法，必须同时考虑生产特点和管理要求。生产特点和管理要求对产品成本计算的影响主要表现在成本计算对象、成本计算期、完工产品与在产品之间费用的分配上。其中对成本计算对象的影响更为突出。由于成本计算对象不同，形成了不同的成本计算方法。产品成本计算中有着三种不同的成本计算对象，即产品品种、产品批别、产品生产步骤。

3. 产品成本计算的基本方法和辅助方法

以成本计算对象为主要标志的产品成本计算方法有三种，即产品成本计算的品种法、分批法和分步法，由于这三种方法与企业的生产类型特点及相应的管理要求有着直接的联系，因而称为产品成本计算的基本方法。为了简化成本核算和加强成本管理，还可采用与三种基本方法相结合的成本计算的辅助方法，主要有"分类法"和"定额法"。此外，还有变动成本法、标准成本法和作业成本法等。

基本名词概念

（1）单步骤生产也称简单生产，是指生产工艺技术过程不能间断，或者不便于分散在不同地点进行的生产。

（2）多步骤生产也称复杂生产，是指生产工艺技术过程由可以间断的分散在不同地点的几个生产步骤组成的生产。

（3）连续式复杂生产是指原材料投入生产后，要经过若干连续加工步骤，才能制成产成品的生产。

（4）装配式复杂生产是指各种原材料经过平行加工，制成产品的各个组成部分（零件、部件），然后再装配成产品。

（5）生产组织方式是指企业生产的专业化程度，即在一定时期内生产产品品种的多寡，同种类产品的数量及其生产的重复程度。

（6）大量生产是指不断重复生产相同产品的生产。这类生产的企业或车间，生产的产品品种较少，而且比较稳定。

（7）成批生产是指按照规定的产品批别和数量进行的生产。

（8）单件生产是指按照订货单位的要求，生产个别的、性质特殊的产品的生产。

练 习 题

一、单项选择题

1. 按（　　）划分，可将生产类型划分为大量生产、成批生产和单件生产。
   A. 生产工艺过程　　　　　　B. 生产组织方式
   C. 企业内部职能　　　　　　D. 企业的生产特点

2. 装配式生产和连续式生产是生产类型按（　　）划分的内容。
   A. 工艺过程特点　　　　　　B. 生产组织方式特点
   C. 企业内部特点　　　　　　D. 企业的生产特点

3. 生产特点和管理要求对产品成本计算方法的影响主要表现在（　　）。
   A. 生产组织的特点　　　　　B. 工艺过程的特点
   C. 生产管理的要求　　　　　D. 产品成本计算对象的确定

4. 在大量大批生产中，管理上不要求按步骤计算产品成本的复杂生产企业里，应采用的成本计算方法是（　　）。
   A. 品种法　　　　　　　　　B. 分批法
   C. 分类法　　　　　　　　　D. 分步法

5. 最基本的成本计算方法是（　　）。
   A. 品种法　　　　　　　　　B. 分批法
   C. 分类法　　　　　　　　　D. 分步法

6. 区分各种产品成本计算基本方法的主要标志是（　　）。
   A. 成本计算对象
   B. 成本计算期
   C. 间接费用的分配方法
   D. 完工产品与在产品成本的划分

7. 在下面的各种产品成本计算方法中，与生产类型没有直接联系的是（   ）。
   A. 分批法   B. 品种法
   C. 分步法   D. 定额法
8. 根据客户订单所要求的特定规格和数量而进行的产品生产是指（   ）。
   A. 多步骤生产   B. 成批生产
   C. 单件生产   D. 单步骤生产
9. 产品成本的计算方法是由企业的（   ）决定的。
   A. 生产特点和管理要求   B. 生产类型
   C. 管理要求   D. 企业的性质
10. 以产品的生产周期作为成本计算期的成本计算方法是（   ）。
    A. 品种法   B. 分批法
    C. 分类法   D. 分步法
11. 下列不属于成本计算基本方法的是（   ）。
    A. 品种法   B. 分批法
    C. 分类法   D. 分步法
12. 品种法适用的生产组织是（   ）。
    A. 大量大批生产   B. 大量成批生产
    C. 大量小批生产   D. 单件小批生产
13. 划分成本计算的基本方法和辅助方法的标准是（   ）。
    A. 成本计算工作的繁简
    B. 成本计算是否及时
    C. 对成本管理作用的大小
    D. 对于计算产品实际成本是否必不可少
14. 能够简化产品成本计算工作的成本计算方法是（   ）。
    A. 品种法   B. 分批法
    C. 定额法   D. 分类法
15. 能够满足企业经营管理与短期经营决策需要的成本计算方法是（   ）。
    A. 作业成本法   B. 标准成本法
    C. 定额成本法   D. 变动成本法

二、多项选择题

1. 企业在确定成本计算方法时，必须从企业的具体情况出发，同时考虑以下因素（   ）。
   A. 企业的生产特点
   B. 企业生产规模的大小
   C. 成本管理的要求
   D. 月末有没有在产品
2. 在多步骤生产的企业里，为了计算各生产步骤的成本，加强各生产步骤的成本管理，一般要求按照（   ）。

A. 产品的品种计算成本

B. 产品的批别计算成本

C. 产品的类别计算成本

D. 产品的生产步骤计算成本

3. 产品成本计算的方法有（   ）。

A. 约当产量法   B. 品种法

C. 分批法   D. 分类法

4. 企业的生产按工艺过程的特点可划分为（   ）等。

A. 简单生产   B. 大量生产

C. 复杂生产   D. 成批生产

5. 企业的生产按生产组织方式的特点可划分为（   ）等。

A. 单步骤生产   B. 大量生产

C. 多步骤生产   D. 成批生产

6. 品种法是产品成本计算的最基本方法，这是因为（   ）。

A. 品种法计算成本最简单

B. 任何成本计算方法最终都要计算出各品种的成本

C. 品种法的成本计算程序最有代表性

D. 品种法需要按月计算产品成本

E. 品种法的运用范围最广泛

7. 下列有关品种法的计算程序叙述中，正确的是（   ）。

A. 如果只生产一种产品，只需为这种产品开设一张产品成本明细账

B. 如果生产多种产品，要按照产品的品种分别开设产品成本明细账

C. 发生的各项直接费用直接记入各产品成本明细账

D. 发生的间接费用则采用适当的分配方法在各种产品之间分配

8. 将分类法和定额法归为产品成本计算的辅助方法，是因为这两种方法（   ）。

A. 与生产类型特点没有直接的联系

B. 不受成本计算对象所制约

C. 对于成本管理并不重要

D. 不是计算产品实际成本必不可少的方法

E. 必须与成本计算的基本方法结合使用

9. 分步法的适用范围是（   ）。

A. 大量大批生产

B. 小批单件生产

C. 单步骤生产或管理上不要求分步骤计算成本的多步骤生产

D. 管理上要求分步骤计算成本的多步骤生产

10. 产品生产的特点对成本计算方法的影响主要表现在（   ）。

A. 成本计算对象

B. 成本计算期

C. 成本项目

D. 成本归集的程序

E. 在产品的计价方法

三、判断题

1. 划分产品成本计算基本方法的主要标志是成本计算对象。（　）
2. 产品成本计算的品种法只适用于单步骤生产。（　）
3. 单步骤生产由于工艺过程不能间断，因而只能按照产品的品种计算成本。（　）
4. 在多步骤生产中，为了加强各生产步骤的成本管理，应当按照生产步骤计算产品成本。（　）
5. 企业成本管理的要求从客观上影响着成本计算方法的选择。（　）
6. 分批法和分步法属于产品成本计算的辅助方法。（　）
7. 大量大批的多步骤生产也可能采用品种法计算产品成本。（　）
8. 连续式复杂生产是各加工步骤同时投料生产出零部件，最后由装配车间将零部件装配成产成品。（　）
9. 装配式复杂生产是各加工步骤同时投料生产出零部件，最后由装配车间将零部件装配成产成品。（　）
10. 不论什么组织方式的制造企业，不论生产什么类型的产品，也不论成本管理要求如何，最终都必须按照产品品种计算产品成本。（　）

四、简答与讨论题

1. 企业的生产按工艺过程的特点可划分成哪几类？
2. 生产特点和管理要求对产品成本计算有哪些影响？
3. 概述简单生产的生产特点。
4. 概述复杂生产的生产特点。
5. 概述大量生产的生产组织特点。
6. 概述成批生产的生产组织特点。
7. 概述单件生产的生产组织特点。
8. 分析企业所处的行业特征对产品成本计算方法选择的影响。

练习题参考答案

一、单项选择题

题号	1	2	3	4	5	6	7	8	9	10
答案	B	A	D	A	A	A	D	C	A	B
题号	11	12	13	14	15					
答案	C	A	D	D	D					

第六章 产品成本计算方法概述

二、多项选择题

题号	1	2	3	4	5	6	7	8	9	10
答案	AC	ABD	BCD	AC	BD	BC	ABCD	ABDE	AD	ABE

三、判断题

题号	1	2	3	4	5	6	7	8	9	10
答案	√	×	√	√	×	×	√	×	√	√

四、简答与讨论题（略）

第七章

产品成本计算的基本方法

学习目的与要求

本章主要阐述产品成本计算的各种基本方法。

学习本章，要掌握产品成本计算品种法的含义、适用范围及成本计算程序；掌握产品成本计算分批法的含义、适用范围及成本计算程序；理解产品成本计算分步法的含义、适用范围及种类；能够描述逐步结转分步法和平行结转分步法的核算程序及特点；理解逐步结转分步法与平行结转分步法的结合应用；熟练掌握采用品种法、分批法和分步法时各种费用分配和归集的方法及相应的账务处理。

学习重点与难点

一、产品成本计算的品种法

1. 品种法的特点及适用范围

产品成本计算的品种法也称简单法，是按照产品品种归集生产费用，计算产品成本的一种方法。

品种法主要适用于大量大批单步骤生产，以及大量大批多步骤生产中，管理上不要求按照生产步骤计算产品成本的生产。

2. 品种法的计算程序

（1）如果一个企业或车间中，只生产一种产品，成本计算对象就是这种产品的产成品成本。计算产品成本时，只需要开设一个产品成本明细账，账内按照成本项目设立专栏或专行。在这种情况下，发生的生产费用全部都是直接费用，可以直接记入该产品成本明细账，不存在各个成本对象之间分配费用的问题。

（2）如果一个企业或车间中，生产两种或两种以上产品时，就要按照产品的品种分别开设产品成本明细账。发生的直接费用，直接记入各产品成本明细账，发生的间接费用则应采用适当的分配方法，在各个成本计算对象之间进行分配，然后记入各有关产品成本明细账。

（3）如果月末没有在产品或在产品数量很少，则不需要计算月末在产品成本，各产品成本明细账中归集的所有生产费用就是完工产品成本。这样就没有第四个方面的费用界限的划分，即没有生产费用在完工产品和在产品之间的分配问题。

（4）如果月末有在产品，而且数量较多，还需要将产品成本明细账中归集的生产费用，采用适当的分配方法，在完工产品和月末在产品之间进行分配，计算完工产品成本和月末在产品成本。

3. 品种法的成本计算程序

品种法是产品成本计算方法中最基本的成本计算方法,因而成本计算的一般程序也就是品种法的成本计算程序。

采用品种法计算产品成本时,一般程序如下:①分配各项要素费用,编制各种要素费用分配表,并根据各分配表编制有关会计分录。②核算在产品和存货的盘盈、盘亏或毁损的价值。③归集和分配辅助生产费用,编制辅助生产费用分配表,并进行相关的账务处理。④归集和分配基本生产车间的制造费用,编制制造费用分配表,并进行相关的账务处理。⑤归集和分配可修复废品的修复费用和不可修复废品的报废损失,并进行相关的账务处理。⑥计算完工产品成本和月末在产品成本。⑦编制产成品成本汇总表。⑧登记有关总账,并将总账科目余额与所属明细科目余额进行核对。

二、产品成本计算的分批法

1. 分批法的特点和适用范围

分批法是以产品的批别作为成本计算对象,归集生产费用,计算产品成本的一种方法。

分批法主要适用于单件小批单步骤生产的企业,或管理上不要求按生产步骤计算的单件小批多步骤生产的企业。

2. 分批法的成本核算程序

确定产品批别,并按生产批别或订单设置产品成本明细账;按批别或订单归集生产费用;计算各批(订单)产品的成本。

3. 简化分批法

简化分批法,是将每月发生的间接费用不按月在各批产品之间分配,而是将各项间接费用分别累计起来,当一批产品全部完工时,才按完工产品累计生产工时的比例,将间接费用分配计入各批完工产品。

采用这种方法,仍应按照产品批别设立产品成本明细账,但在该批产品完工以前,账内只需按月登记直接费用和生产工时,而不必按月分配。只是在有完工产品的那个月份,才分配间接费用,计算登记各批完工产品的成本。各批全部产品的在产品成本项目以总数登记在专设的基本生产成本二级明细账中,因此采用简化的分批法,必须设立二级明细账。采用这种方法可以简化间接费用的分配和登记工作。

简化分批法适用于同一月份内投产批数繁多,而且月末未完工批数较多的企业。应用条件:①各个月份的间接费用的水平相差不多。②月末未完工的批数较多。

有关简化分批法的核算程序、基本生产成本二级明细账的结构及登记方法请详见主教材图7-1。

三、产品成本计算的分步法

(一)分步法的特点及适用范围

产品成本计算的分步法,是按照产品的生产步骤归集生产费用,计算产品成本的一种方法。分步法的特点是按照产品的生产步骤计算产品成本。

这种方法比较广泛地应用于大量大批连续式复杂生产的企业或车间。在大量大批装配式复杂生产的机械制造企业，也可以采用分步法计算产品成本。

注意成本计算的分步与实际生产步骤不完全一致。可以一个车间（生产步骤）或几个车间，或一个车间中的某一步骤作为成本计算步骤。

学习分步法，要特别理解分步法的划分体系，即分步法的一个基本构架，也是教材中的编排体系，这样形成一个整体思路和概念。分步法的划分体系如图7-1所示。

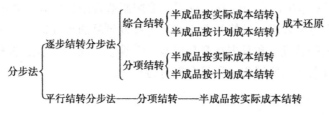

图 7-1　分步法的划分体系

（二）逐步结转分步法

逐步结转分步法，是逐步计算、逐步结转半成品成本，最后计算出产成品成本的一种方法，也称逐步计算半成品成本的分步法。

生产步骤的半成品可以进一步加工，也可以对外销售，采用逐步结转分步法计算成本的目的是在成本管理工作中，需要提供各个生产步骤的半成品成本资料。因此，该方法适用管理上要求计算半成品成本的大量大批多步骤连续式生产。

由于半成品实物的转移有两种形式，即直接结转和通过半成品仓库收发，因而，半成品成本的结转程序也有直接结转和不直接结转两种。半成品成本直接结转程序是指各步骤所产的半成品完工后，直接转入下一步骤继续加工，半成品成本也在各步骤产品成本明细账之间直接结转，会计核算上不需编制会计分录。半成品成本不直接结转程序是指各步骤的半成品完工后，通过半成品仓库收发，在账务处理上，要设置"自制半成品"科目，通过半成品明细账结转完工入库和生产领用的半成品成本。

采用逐步结转分步法计算产品成本时，不论半成品实物是否通过半成品仓库收发，其成本最终要随实物一起转移到下一步骤的产品成本明细账中。按照结转的半成品成本在下一步骤产品成本明细账中的反映方式，可以分为综合结转和分项结转两种方法。

1. 综合结转法

综合结转法是指将各步骤所耗用的上一步骤半成品成本，以"原材料"或专设的"自制半成品"项目，综合记入各该步骤的产品成本明细账中。半成品成本的综合结转，可以按照半成品的实际成本结转，也可以按照半成品的计划成本（或定额成本）结转。

由于综合结转法不能反映原始成本构成，不便于进行成本分析和考核，所以，应进行成本还原。学习综合结转法的成本还原，必须注意三点：一要注意成本还原的对象，即最后步骤成本明细账中的"自制半成品"或"原材料"综合项目；二要注意成本还原的依据，一般按当月所产该种半成品的成本结构进行分解、还原；三要注意成本还原率，成本还原率应以本月产成品所耗上步骤半成品成本（半成品的综合成本）除以本月所生产的该种半成品的成本合计数求得，也可以按上一步骤完工半成品的各成本项目占其全部成本的比重计算成本还原率。成本还原率计算不同，成本还原的方法也不同。因此，成本还原方法通常有两种：按半成品各成本项目占全部成本的比重还原和按各步骤所耗半成品的总成本占上一步骤完工半成品总成本的比重还原。由于还原方法的原理相同，因此两种还原方法成本还原的结果一样。

2. 分项结转法

分项结转是将各步骤所耗用的半成品成本，按照成本项目分项转入各步骤产品成本明细账的各个成本项目中。

分项结转，可以按照半成品的实际成本结转，也可以按照半成品的计划成本结转，然后按成本项目分项调整成本差异。采用这种结转方法，可以提供按原始成本项目反映的产品成本资料，因而不需要进行成本还原。但分项结转半成品成本的记账工作比较复杂，尤其是半成品通过半成品库收发时，由于半成品明细账上是分成本项目分别登记半成品成本，领用时按实际成本结转还需要按成本项目计算加权平均单位成本或先进先出单位成本，因而结转手续繁杂。

（三）平行结转分步法

平行结转分步法也称不计算半成品成本法，是指各生产步骤不计算自制半成品成本，也不结转半成品成本，只计算本步骤直接发生的各项费用及其应计入最终产成品成本中的份额，并将其平行结转到产成品成本中，汇总计算最终产成品成本的一种成本计算方法。

采用平行结转分步法计算产品成本时，其成本核算程序可概括如下：首先按产品品种和加工步骤设置产品成本明细账，各步骤产品成本明细账中只归集登记本步骤直接发生的直接材料、直接人工和制造费用；月末，计算每一生产步骤应计入产成品成本中的份额；将各生产步骤中应计入产成品成本的份额平行汇总，计算完工产成品的成本；将各步骤产品成本明细账中归集的生产费用，减去各该步骤应计入产成品成本中的份额，计算各步骤在产品的成本。

需要指出的是，在平行结转分步法下，各步骤完工产品和在产品的概念不同于逐步结转分步法。在逐步结转分步法下，前面生产步骤的完工产品是指完工的半成品，最后步骤的完工产品是产成品；而平行结转分步法下，各生产步骤的完工产品都是指产成品。在逐步结转分步法下，各生产步骤的在产品都是指本生产步骤正在加工中的在产品，即狭义的在产品；而平行结转分步法下，各生产步骤的在产品都是指广义的在产品（最后一个步骤的在产品是狭义的在产品）。

基本名词概念

（1）品种法也称简单法，是指按照产品品种归集生产费用，计算产品成本的一种方法。

（2）分批法是指按照产品的批别归集生产费用，计算产品成本的一种方法。

（3）简化分批法也称累计间接费用分配法，是指各批产品成本明细账在产品完工前只登记直接费用和生产工时，每月发生的间接费用则是在基本生产成本二级明细账中分别累计，到产品完工时，按照完工产品累计工时的比例，在各批完工产品之间进行分配。由于这种方法只对完工产品分配间接费用，而不分批计算在产品成本，故又称其为不分批计算在产品成本的分批法。

（4）分步法是指按照产品的生产步骤归集生产费用，计算产品成本的一种方法。

（5）逐步结转分步法又称顺序结转分步法，是指将上一步骤半成品的成本，随着半成品实物的转移，从上一步骤的产品成本明细账转入下一步骤产品成本明细账中，来逐步计算半成品成本和最后步骤的产成品成本，也称计算半成品成本法。

（6）综合结转法是指将各步骤所耗用的上一步骤半成品成本，以"原材料"或专设的"自制半成品"项目，综合记入各该步骤的产品成本明细账中的一种结转半成品成本的方法。

（7）成本还原是指将产成品成本中以综合项目反映的自制半成品成本，逐步分解为以原始成本项目反映的成本。

（8）分项结转法是指将各步骤所耗用的半成品成本，按照成本项目分项转入各步骤产品成本明细账的各个成本项目中的一种成本结转方法。

（9）平行结转分步法也称不计算半成品成本法，是指各生产步骤不计算自制半成品成本，也不结转半成品成本，只计算本步骤直接发生的各项费用及其应计入最终产成品成本中的份额，并将其平行结转到产成品成本中，汇总计算最终产成品成本的一种成本计算方法。

（10）广义在产品是从全厂的角度来观察在产品，它除了包括正在本步骤加工的在产品外，还包括经过本步骤加工完成而留在半成品库和以后步骤但尚未形成最终产品的半成品。

练 习 题

一、单项选择题

1. 下列企业中，最常采用品种法计算产品成本的是（   ）。
   A. 纺织厂   B. 发电厂
   C. 制衣厂   D. 钢铁厂
2. 若企业只生产一种产品，则发生的费用（   ）。
   A. 全部是直接费用   B. 全部是间接费用
   C. 部分是直接费用，部分是间接费用   D. 需要将生产费用进行分配
3. 分批法成本计算对象的确定通常是根据（   ）。
   A. 用户订单   B. 产品品种
   C. 客户要求   D. 生产任务通知单
4. 分批法适用于（   ）。
   A. 小批生产   B. 大批生产
   C. 大量生产   D. 大量大批生产
5. 采用简化的分批法，在产品完工之前，各批产品成本明细账（   ）。
   A. 不登记任何费用   B. 只登记直接费用和生产工时
   C. 只登记原材料费用   D. 登记间接费用，不登记直接费用

6. 某工业企业采用分批法计算产品成本，根据订单确定产品批别。有一张订单订购甲、乙、丙三种产品，另一张订单订购甲、乙两种产品。两张订单要求交货时间差不多，至少应该确定（　　）产品批别计算产品成本。

　　A. 2个　　　　　　　　　　　B. 3个
　　C. 4个　　　　　　　　　　　D. 5个

7. 采用平行结转分步法，第二生产步骤的广义在产品不包括（　　）。

　　A. 第一生产步骤正在加工的在产品
　　B. 第二生产步骤正在加工的在产品
　　C. 第二生产步骤完工入库的半成品
　　D. 第三生产步骤正在加工的在产品

8. 某产品由五个生产步骤组成，采用逐步结转分步法计算产品成本，需要进行成本还原的次数是（　　）。

　　A. 5　　　　　　　　　　　　B. 4
　　C. 3　　　　　　　　　　　　D. 0

9. 在平行结转分步法下，其完工产品与在产品之间的费用分配，是指在下列两者之间的费用分配（　　）。

　　A. 产成品和月末广义在产品　　B. 广义在产品和狭义在产品
　　C. 广义在产品与广义在产品　　D. 产成品与月末狭义在产品

10. 下列方法中属于不计算半成品成本的分步法是（　　）。

　　A. 逐步结转　　　　　　　　　B. 平行结转
　　C. 综合结转　　　　　　　　　D. 分项结转

11. 最基本的成本计算方法是（　　）。

　　A. 品种法　　　　　　　　　　B. 分批法
　　C. 分类法　　　　　　　　　　D. 分步法

12. 品种法的成本计算对象是（　　）。

　　A. 产品品种　　　　　　　　　B. 产品类别
　　C. 批别或订单　　　　　　　　D. 生产步骤

13. 采用分批法计算产品成本时，若是单件生产，月末计算产品成本时（　　）。

　　A. 需要将生产费用在完工产品和在产品之间进行分配
　　B. 不需要将生产费用在完工产品和在产品之间进行分配
　　C. 区别不同情况确定是否分配生产费用
　　D. 应采用同小批生产一样的核算方法

14. 采用分批法计算产品成本，若是小批生产，出现批内陆续完工的现象，并且批内完工数量较多时，完工产品和月末在产品成本的计算应采用（　　）。

　　A. 计划成本法　　　　　　　　B. 定额成本法
　　C. 按年初固定数计算　　　　　D. 约当产量法

15. 分批法的主要特点是（　　）。

　　A. 批内产品都同时完工，不存在完工产品与在产品之间分配费用的问题
　　B. 以产品批别为成本计算对象

C. 费用归集和分配比较简单
D. 定期计算成本

16. 管理上不要求计算各步骤完工半成品所耗半成品费用和本步骤加工费用，而要求按原始成本项目计算产品成本的企业，采用分步法计算成本时，应采用（　　）。
　　A. 综合结转法　　　　　　　　B. 分项结转法
　　C. 按计划成本结转法　　　　　D. 平行结转法

17. 在半成品具有独立的国民经济意义，管理上要求计算各步骤完工产品所耗半成品费用，但不要求进行成本还原的情况下，可采用（　　）。
　　A. 综合结转法　　　　　　　　B. 分项结转法
　　C. 平行结转法　　　　　　　　D. 顺序结转法

18. 平行结转分步法各步骤的费用（　　）。
　　A. 包括本步骤的费用和上一步骤转入的费用两部分
　　B. 只包括本步骤的费用，不包括上一步骤转入的费用
　　C. 第一步骤包括本步骤的费用，其余各步骤均包括上一步骤转入的费用
　　D. 最后步骤包括本步骤的费用，其余各步骤均包括上一步骤转入的费用

19. 需要进行成本还原所采用的成本计算方法是（　　）。
　　A. 品种法　　　　　　　　　　B. 平行结转分步法
　　C. 逐步结转分步法（综合结转）D. 逐步结转分步法（分项结转）

20. 成本还原分配率是用本月产成品所耗上一步骤半成品费用除以（　　）。
　　A. 本月所产该种半成品成本合计　　B. 本月所产该种半成品各成本项目
　　C. 上月所产该种半成品成本合计　　D. 上月所产该种半成品各成本项目

二、多项选择题

1. 采用简化的分批法，（　　）。
　　A. 必须设立基本生产成本二级明细账
　　B. 在产品完工前，各批产品成本明细账只登记直接费用和生产工时
　　C. 在基本生产成本二级明细账中只登记间接费用
　　D. 不分批计算在产品成本

2. 采用逐步结转分步法，按照结转的半成品成本在下一步骤产品成本明细账中的反映方式分为（　　）。
　　A. 综合结转法　　　　　　　　B. 分项结转法
　　C. 按实际成本结转　　　　　　D. 按计划成本结转

3. 在平行结转分步法下，某生产步骤的在产品包括（　　）。
　　A. 本步骤尚未加工完成的在产品
　　B. 前步骤尚未加工完成的在产品
　　C. 后步骤尚未加工完成的在产品
　　D. 本步骤加工完成入库的半成品

4. 在下列企业中，可采用分批法计算产品成本的有（　　）。
　　A. 重型机械厂　　　　　　　　B. 船舶制造厂

C. 发电厂 D. 精密仪器厂

5. 产品成本计算的平行结转分步法的特点是（　　）。
   A. 各步骤不结转半成品成本
   B. 各步骤计算并结转半成品成本
   C. 本步骤发生的费用全部计入产成品成本中的"份额"
   D. 将各步骤中应计入产成品成本的"份额"平行结转

6. 分批法的特点是（　　）。
   A. 按产品的批别计算成本　　　B. 也计算产品的生产步骤成本
   C. 间接费用月末必须全部进行分配　D. 成本计算期与会计报告期不同
   E. 通常不存在生产费用在完工产品和月末在产品之间分配的问题

7. 在分批法下，如批内产品跨月完工，对完工的产品可（　　）。
   A. 以定额成本作为实际成本予以结转
   B. 以计划成本作为实际成本予以结转
   C. 按约当产量计算并结转
   D. 暂不结转，待全部完工后一并计算、结转
   E. 按实际单位成本结转

8. 分批法适用于（　　）。
   A. 新产品的试制　　　　　B. 单件生产
   C. 小批生产　　　　　　　D. 辅助生产的工具、模具制造
   E. 机器设备的大修理

9. 采用分批法计算产品成本的企业，可将（　　）作为成本计算对象。
   A. 同一订单中的不同产品　　B. 产品的组成部分
   C. 同一时期不同订单中的同种产品合并　D. 不同订单中的不同产品
   E. 本企业规定的产品批别

10. 下列各种分步法中，不必进行成本还原的有（　　）。
    A. 平行结转分步法　　　　B. 逐步结转分步法
    C. 分项结转法　　　　　　D. 按实际成本结转法
    E. 按计划成本综合结转法

11. 采用分步法，作为成本计算对象的生产步骤可以（　　）。
    A. 按生产车间设立　　　　B. 按一个企业设立
    C. 按实际生产步骤设立　　D. 按一个车间中的几个生产步骤分别设立
    E. 按几个车间合并的一个生产步骤设立

12. 半成品成本综合结转可以采用的方法有（　　）。
    A. 按实际成本结转　　　　B. 按计划成本结转
    C. 按成本项目结转　　　　D. 按原材料成本结转
    E. 按固定成本结转

13. 采用平行结转分步法计算产品成本，最后一个生产步骤的产品成本计算单中，能够反映的数据有（　　）。
    A. 本步骤费用　　　　　　B. 产成品实际成本

C. 本步骤在产品成本　　　　　D. 所耗上一步骤的半成品成本

E. 本步骤费用中应计入产成品成本的份额

14. 在平行结转分步法下，完工产品与在产品之间的费用分配，是指（　　）之间的费用分配。

    A. 产成品与狭义在产品

    B. 产成品与广义在产品

    C. 产成品与半成品

    D. 各步骤完工半成品与月末加工中的在产品

    E. 前面各步骤的产成品与广义在产品，最后步骤的产成品与狭义在产品

15. 在逐步结转分步法下，产成品成本中的半成品费用，可以按（　　）还原。

    A. 本月所耗半成品成本的结构　　　B. 本月所产产成品成本的结构

    C. 本月所产半成品成本的结构　　　D. 计划成本

三、判断题

1. 分批法一般是根据用户的订单组织生产的，在一份订单中即便存在多种产品也应合并为一批组织生产。（　　）

2. 分批法的批别是依据企业生产计划部门签发的"生产任务通知单"确定的，供应部门据以备料，生产部门据以安排生产，财会部门据以设置成本计算单。（　　）

3. 分批法的成本计算应定期进行，成本计算期与某批次或订单产品的生产周期也应保持一致。（　　）

4. 按生产工艺技术过程，品种法只适用于简单生产。（　　）

5. 采用累计间接费用分配法，在每月间接费用相差悬殊的情况下，会影响成本计算的正确性。（　　）

6. 产成品成本需要进行成本还原的次数与其生产步骤数相等。（　　）

7. 为了使同一批产品同时完工，避免跨月陆续完工情况，减少完工产品与月末在产品之间分配费用的工作，产品的批量越小越好。（　　）

8. 在小批、单件生产的企业或车间中，如果同一月份投产的产品批数很多，就可以采用简化的分批法计算产品成本。（　　）

9. 采用逐步结转分步法，半成品成本的结转与半成品实物的转移是一致的，因而有利于半成品的实物管理和在产品的资金管理。（　　）

10. 简化分批法比其他产品成本计算方法要多设置一个基本生产成本二级明细账。（　　）

四、业务题

练习一

1. 目的：练习产品成本计算的品种法。

2. 资料：某工厂设有一个基本生产车间，大量生产甲、乙两种产品。其生产工艺过程属于单步骤生产。根据生产特点和管理要求，该厂采用品种法计算产品成本。该厂设有

供电和运输两个辅助生产车间,为基本生产车间提供电力和运输劳务。

要求:

(1)分配各种要素费用(该企业的"职工福利费""社会保险费""住房公积金""工会经费""职工教育经费"分别按照职工工资总额的8%、40%、6%、2%、1.5%列支或计提),编制会计分录,如表7-1~表7-4所示。

表7-1 20××年9月银行存款支出凭证汇总表 单位:元

应借科目			金 额
总账科目	明细科目	成本或费用项目	
制造费用	基本生产	劳动保护	30
	基本生产	其他	45
	小计		75
生产成本——辅助生产成本	运输车间	其他	40
	供电车间	其他	50
	小计		90
管理费用		办公费	240
		其他	60
	小计		300
财务费用		利息支出	1 500
合计			1 965

表7-2 材料费用分配表
20××年9月 单位:元

应 借 科 目			原料及主要材料	辅助材料	其他材料	合 计
总 账 科 目	明 细 科 目	成本或费用项目				
生产成本——基本生产成本	甲产品	原材料	16 000	800		16 800
	乙产品	原材料	13 000	1 600		14 600
	小计		29 000	2 400		31 400
生产成本——辅助生产成本	运输车间		160	32		192
	供电车间		140	120		260
	小计		300	152		452
制造费用	基本生产车间	消耗材料		600	80	680
		劳动保护	200	240		440
	小计		200	840	80	1 120
管理费用		消耗材料		400	200	600
生产成本——废品损失	乙产品	原材料	380			380
合计			29 880	3 792	280	33 952

表 7-3 职工薪酬分配表

20××年9月　　　　　　　　　　　　　　　　　　　　　　　　　单位：元

应借科目		职工工资				职工福利费(8%)	社会保险费(40%)	住房公积金(6%)	工会经费(2%)	职工教育经费(1.5%)	职工薪酬合计
总账科目	明细科目	生产工时/h	生产工人分配	管理人员	小计						
生产成本——基本生产成本	甲产品	10 000	4 000		4 000						
	乙产品	8 000	3 200		3 200						
	小计	18 000	7 200		7 200						
生产成本——废品损失	乙产品	2 000	800		800						
合格品和废品合计		20 000	8 000		8 000						
生产成本——辅助生产成本	运输车间			600	600						
	供电车间			1 000	1 000						
	小计			1 600	1 600						
制造费用	基本生产车间			1 200	1 200						
管理费用	职工薪酬			2 000	2 000						
合计			8 000	4 800	12 800						

表 7-4 固定资产折旧费用分配表

20××年9月　　　　　　　　　　　　　　　　　　　　　　　　　单位：元

应借科目			折旧额
总账科目	明细科目	成本或费用项目	
制造费用	基本生产车间	折旧费	5 720
生产成本——辅助生产成本	运输车间	折旧费	260
	供电车间	折旧费	520
	小计		780
管理费用		折旧费	3 120
合计			9 620

注：辅助生产车间不设"制造费用"科目。

(2) 根据在产品和原材料盘存表及其他有关资料，核算在产品和原材料的<u>盘盈盘亏</u>。

1) 乙产品的在产品盘亏和毁损20件，按定额成本计价；在产品的单件材料费用定额为60元；盘亏在产品的定额工时共为200h。每小时的定额费用为：动力0.10元，职工薪酬0.45元，制造费用0.65元，盘亏和毁损的在产品定额成本计算如表7-5所示。

表 7-5 有关在产品盘亏的成本资料

20××年9月　　　　　　　　　　　　　　　　　　　　　　　单位：元

成本项目	直接材料	动　力	职工薪酬	制造费用	合　计
单位（小时）定额费用	60	0.1	0.45	0.65	—
定额成本	1 200	20	90	130	1 440

另外：

① 毁损在产品的回收残值计价 87 元，净损失 1 353 元，编制会计分录。

② 经批准当月将损失计入制造费用，编制会计分录。

2) 原材料盘盈按计划成本计价，共为 660 元。经过批准，冲减当月管理费用，编制会计分录。

（3）归集和分配辅助生产费用。

1) 根据表 7-1~表 7-5 归集辅助生产费用，如表 7-6 和表 7-7 所示。

表 7-6 辅助生产成本明细分类账

车间名称：运输车间　　运输公里：2 400km　　　　　　　　　　　单位：元

月	日	摘　要	材料费	人工费	折旧费	运输费	水电费	其　他	借方合计	贷方转出	期末余额
9	30										

表 7-7 辅助生产成本明细分类账

车间名称：供电车间　　供电：22 000kW·h　　　　　　　　　　　单位：元

月	日	摘　要	材料费	人工费	折旧费	运输费	水电费	其　他	借方合计	贷方转出	期末余额
9	30										

2) 编制辅助生产费用分配表，分配辅助生产费用，如表 7-8 所示。

表 7-8 辅助生产费用分配表（按计划成本分配）

20××年 9 月

项　目			运输车间		供电车间		费用合计（元）
			数量/h	费用（元）	数量/kW·h	费用（元）	
待分摊的数量和费用			2 400	1 437	22 000	2 405	3 842
计划单位成本				0.5		0.1	
辅助生产	机修车间	电费			1 000		
	供电车间	运输费	400				
		小计	400		1 000		
基本生产	甲产品	动力			11 500		
	乙产品	动力			6 000		
		小计			17 500		
废品损失——乙产品					500		
制造费用	基本生产	运输费	2 000				
		电费			1 000		
		小计	2 000		1 000		
管理费用——电费					2 000		
计划成本分配额合计							
分配转入的费用							
辅助生产实际成本							
辅助生产成本差异							

（4）归集和分配制造费用，如表 7-9 和表 7-10 所示。

表 7-9 制造费用明细账　　　　　　　　　　　　　单位：元

日期	凭证	摘要	借方：费用项目分析							贷方转出	余额
			职工薪酬	消耗材料	折旧费	运输费	水电费	材料盘亏	其他	合计		

表 7-10　制造费用分配表

应借科目		生产工时/h	分　配　率	制造费用（元）
总账科目	明细科目			
基本生产	甲产品	10 000		
	乙产品	8 000		
	小计	18 000		
废品损失	乙产品	2 000		
合计		20 000		

注：制造费用分配率精确到 0.000 1。

(5) 归集和分配废品损失。

1) 根据前述相关资料，编制不可修复废品损失计算表，如表 7-11 所示。

表 7-11　不可修复废品损失计算表（废品成本按定额计算）

乙产品废品：20 件　　残值：350 元　　废品定额工时：200h　　　　　　　　单位：元

项　　目	数量（件）	定额工时/h	直接材料	动　力	直接人工	制造费用	合　　计
单位定额							
废品定额成本							
减：残值							
废品损失							

2) 将不可修复废品的生产成本自基本生产账户转入废品损失，废品残值为 350 元，残值转入材料账户，编制会计分录。

3) 根据表 7-1~表 7-11 及有关资料，登记废品损失明细账，如表 7-12 所示。

表 7-12　废品损失明细账

乙产品　　　　　　　　　　　　　　　　　　　　　　　　　　　　　　　　单位：元

日　　期	摘　　要	直接材料	动　力	直接人工	制造费用	借方合计

4) 编制废品损失分配表，并编制会计分录，如表 7-13 所示。

表 7-13　废品损失分配表

乙产品　　　　　　　　　　　　　　　　　　　　　　　　　　　　　　　　单位：元

应借科目	明细科目	成本项目	金　　额
基本生产	乙产品	废品损失	

(6) 分配计算完工产品和月末在产品成本，如表7-14~表7-16所示。

表7-14 月末在产品定额成本计算表

产品名称	所在工序	在产品数量	直接材料（元）		工时定额/(h/件)	定额工时/h	动力 0.1 元/h	直接人工 0.45 元/h	制造费用 0.65 元/h	合计（元）
			单件定额（元/件）	小计（元）						
甲产品	一	80	25		8					
	二	20	25		28					
	小计	100								
乙产品		70	60			800				
	合计									

表7-15 产品成本计算表

甲产品　　产量：650件　　　　20××年9月　　　　　　单位：元

成本项目	月初在产品成本	本月费用	生产费用合计	月末在产品成本	产成品成本	
					总成本	单位成本
①	②	③	④=②+③	⑤	⑥=④-⑤	⑦
直接材料	2 000					
动力	10					
直接人工	45					
制造费用	65					
废品损失						
合计	2 120					

表7-16 产品成本计算表

乙产品　　产量：240件　　　　20××年9月　　　　　　单位：元

成本项目	月初在产品成本	本月费用	不可修复废品定额成本	在产品盘亏定额成本	生产费用合计	月末在产品成本	产成品成本	
							总成本	单位成本
①	②	③	④	⑤	⑥=②+③-④-⑤	⑦	⑧=⑥-⑦	⑨
直接材料	6 000							
动力	20							
直接人工	90							
制造费用	130							
废品损失								
合计	6 240							

注：产成品的单位成本精确到分。

(7) 编制产成品成本汇总表，并编制完工产品入库的会计分录，如表7-17所示。

表 7-17 产成品成本汇总表

20××年 9 月　　　　　　　　　　　　　　　单位：元

产成品名称	直接材料	动　力	直接人工	制造费用	废品损失	合　计
甲产品						
乙产品						
合计						

（8）根据（1）～（7）各笔分录登记有关的总分类账户。

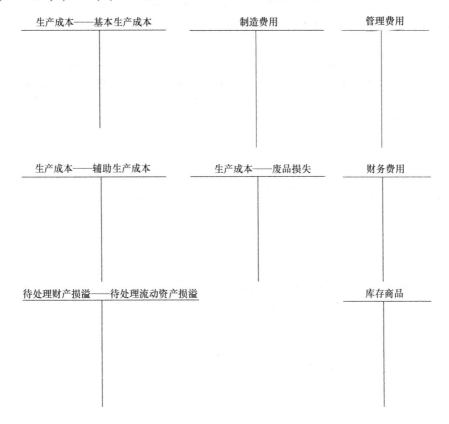

练习二

1. 目的：练习产品成本计算的分批法。

2. 资料：

（1）某工厂采用分批法计算产品成本，成本项目分为"直接材料""直接人工"和"制造费用"三个。

（2）某年 3 月有关成本计算资料如下：

1）生产情况如表 7-18 所示。

表 7-18 生产情况表

产品批号	产品名称	产品批量（台）	完工产量（台）	耗用工时/h
#7301	449 卷扬机	50	0	12 600

(续)

产品批号	产品名称	产品批量（台）	完工产量（台）	耗用工时/h
#7302	225 卷扬机	40	5	9 800
#7303	655 机床	10	4（上月完工6）	2 800
#7304	620 车床	20	20	4 800
合计				30 000

2）该厂各批产品共同耗用的材料，按当月各批产品直接耗用半成品和材料金额的比例加以分配。本月半成品和材料耗用情况如表 7-19 所示。

表 7-19　本月半成品和材料耗用情况　　　　　　　　　　　单位：元

摘　要	#7301 产品耗用	#7302 产品耗用	#7303 产品耗用	#7304 产品耗用	各批产品共同耗用	合　计
半成品	9 703	1 628				11 331
材料	21 497	18 672	2 500	1 300	6 636	50 605
合计	31 200	20 300	2 500	1 300	6 636	61 936

3）该厂生产工人的职工薪酬，按当月各批产品耗用工时加以分配。本月生产工人的职工薪酬共计 17 100 元。

4）该厂本月制造费用发生额总数为 41 400 元。

5）该厂 #7302 批号产品的完工产品按计划成本转出，每台计划成本：直接材料 1 680 元，直接人工费 430 元，制造费用 350 元。

3. 要求：

(1) 编制产品消耗材料分配汇总表及直接人工和制造费用分配表。

(2) 登记产品成本计算单，并计算完工产品成本。

(3) 编制完工产品交库的会计分录，如表 7-20 ~ 表 7-25 所示。

表 7-20　产品耗料分配汇总表

20××年3月　　　　　　　　　　　　　　　　　　　　　　　　单位：元

产品批号	直接耗用	共同耗用分配		合　计
		分配率	分配额	
#7301	31 200			
#7302	20 300			
#7303	2 500			
#7304	1 300			
合计	55 300			

表 7-21 直接人工、制造费用分配

20××年3月　　　　　　　　　　　　　　　　　　　　　　　单位：元

产品批号	工 时	直接人工分配		制造费用分配	
		分配率	分配额	分配率	分配额
#7301	12 600				
#7302	9 800				
#7303	2 800				
#7304	4 800				
合计	30 000		17 100		41 400

表 7-22 产品成本计算单

20××年3月

产品：#449 卷扬机　　批号：#7301　　批量：50台　　　　　　　　单位：元

日 期	摘 要	成本项目			合 计
		直接材料	直接人工	制造费用	
	分配材料费用				
	分配直接人工				
	分配制造费用				
	合计				

表 7-23 产品成本计算单

20××年3月

产品：#620 车床　　批号：#7304　　批量：20台　　　　　　　　单位：元

日 期	凭证	摘 要	成本项目			合 计
			直接材料	直接人工	制造费用	
1月31日		1月发生成本	22 540	3 640	2 880	29 060
2月28日		2月发生成本	10 670	3 120	2 142	15 932
		3月发生成本				
		3月全部完工转出				

表 7-24 产品成本计算单

20××年3月

产品：#655 机床　　批号：#7303　　批量：10台　　　　　　　　单位：元

日 期	凭 证	摘 要	成本项目			合 计
			直接材料	直接人工	制造费用	
1月31日		1月发生成本	17 560	2 170	1 406	21 136
2月28日		2月发生成本	6 310	1 646	1 020	8 976

(续)

日 期	凭 证	摘 要	成 本 项 目			合 计
			直接材料	直接人工	制造费用	
2月28日		2月完工6台转出	16 500	3 000	2 040	21 540
		3月发生成本				
		3月完工4台转出				

表 7-25 产品成本计算单

20××年3月

产品：#225 卷扬机　　批号：#7302　　批量：40台　　　　　　　　　单位：元

日 期	凭 证	摘 要	成 本 项 目			合 计
			直接材料	直接人工	制造费用	
2月28日		2月发生成本	36 474	3 672	3 714	43 860
		3月发生成本				
		3月完工5台转出				
		在产品成本				

练习三

1. 目的：练习服务型组织分批成本法。

2. 资料：Wesson 公司是一家咨询公司。公司预计本年将发生间接成本 45 000 美元，为客户提供服务 6 000h，直接人工的单位成本为每小时 75 美元。由于直接人工工时是间接成本的主要驱动，所以 Wesson 公司使用直接人工工时作为分配基础；同时，公司采用成本加成法进行定价。

3. 要求：

(1) 计算 Wesson 公司预先设定的成本分配率。

(2) Wesson 公司为 George Peterson 提供了 15h 的咨询服务。该项咨询的成本是多少？

(3) 如果 Wesson 公司想赚取成本 60% 的利润，其向 George Peterson 先生收取的服务费是多少？

练习四

1. 目的：练习产品成本计算的逐步结转分步法（综合结转）。

2. 资料：某厂设有三个基本生产车间。第一车间生产丙种半成品，第二车间将丙种半成品加工为乙种半成品，第三车间将乙种半成品生产为甲种产成品。本月生产情况及成本资料如下：

(1) 生产情况，如表 7-26 所示。

表 7-26　生产情况

项　目	计量单位	一　车　间	二　车　间	三　车　间
期初在产品	件	10	12	14
本月投入或上车间转入	件	98	100	96
本月产成品	件	100	96	100
期末产成品	件	8	16	10

（2）成本资料，如表 7-27 所示。

表 7-27　有关成本资料　　　　　　　　　　　　　　　单位：元

成本项目	一　车　间		二　车　间		三　车　间	
	月初在产品	本月发生	月初在产品	本月发生	月初在产品	本月发生
直接材料	190	1 836	382		825	
燃料及动力	12	210	26	440	5	100
直接人工	30	570	60	1 025	22	240
制造费用	28	541	75	1 136	19	227
合计	260	3 157	543	2 601	871	567

注：材料费为一车间生产开工时一次投入。各车间月末在产品成本中的加工费全部按约当产量法计算，在产品的完工程度均为 50%，所有计算精确到分。

3. 要求：

（1）各车间设置产品成本计算单，登记期初余额及本期发生额，计算各车间完工产品和期末在产品的成本。

（2）设置产品成本计算单，计算甲产品的成本，如表 7-28~表 7-31 所示。

表 7-28　产品成本计算单

单位：一车间　　产量：100 件　　　　　　　　　　　　　　　　　单位：元

成本项目	期初在产品	本期生产费用	合　计	期末在产品	完工产品成本
直接材料					
燃料及动力					
直接人工					
制造费用					
合计					

表 7-29　产品成本计算单

单位：二车间　　产量：96 件　　　　　　　　　　　　　　　　　单位：元

成本项目	期初在产品	本期生产费用	合　计	期末在产品	完工产品成本
直接材料					
燃料及动力					
直接人工					
制造费用					
合计					

表 7-30　产品成本计算单

单位：三车间　　产量：100 件　　　　　　　　　　　　　　　　　　　单位：元

成 本 项 目	期初在产品	本期生产费用	合　　计	期末在产品	完工产品成本
直接材料					
燃料及动力					
直接人工					
制造费用					
合计					

表 7-31　产品成本计算单

产品：甲产品　　产量：100 件　　　　　　　　　　　　　　　　　　　单位：元

成 本 项 目	在产品成本	完工产品成本	
		总 成 本	单 位 成 本
直接材料			
燃料及动力			
直接人工			
制造费用			
合计			

练习五

1. 目的：练习综合结转的成本还原。
2. 资料：练习三的各步骤产品成本计算单和产成品成本计算表。
3. 要求：编制综合结转法的成本还原计算表，如表 7-32 所示。

表 7-32　产品成本还原计算表

产品名称：　　　　　　　批量：　　　　　　　　　　　　　　　　　　　单位：元

行次	成本项目	按第二步骤成本结构还原				按第一步骤成本结构还原				还原后成本	
		还原前的产成品成本	半成品成本结构		按耗用半成品成本还原	还原前的半成品成本	半成品成本结构		按耗用半成品成本还原	总成本	单位成本
			金额	还原率			金额	还原率			
		①	②	③=①栏1行÷②栏6行	④=②栏各行×③栏6行	⑤=①+④	⑥=⑤	⑦	⑧=⑥栏1行÷⑦栏6行	⑨=⑦栏各行×⑧栏6行	⑩=⑥+⑨	⑪
1	耗用上车间半成品										
2	直接材料										

(续)

行次	成本项目	按第二步骤成本结构还原				按第一步骤成本结构还原					
		还原前的产成品成本	半成品成本结构		按耗用半成品成本还原	还原后成本	还原前的半成品成本	半成品成本结构		按耗用半成品成本还原	还原后成本	
			金额	还原率				金额	还原率		总成本	单位成本
		①	②	③=①栏1行÷②栏6行	④=②栏各行×③栏6行	⑤=①+④	⑥=⑤	⑦	⑧=⑥栏1行÷⑦栏6行	⑨=⑦栏各行×⑧栏6行	⑩=⑥+⑨	⑪
3	燃料及动力											
4	直接人工											
5	制造费用											
6	合计											

练习六

1. 目的：练习成本计算的逐步结转分步法（分项结转）。

2. 资料：某企业设有三个基本生产车间。一车间制造半成品 A，二车间制造半成品 B，两件 A 装配成一件 B 件；三车间制成产成品 C，两件 B 装配成一件 C 件。

（1）生产情况，如表 7-33 所示。

表 7-33 有关生产情况

项　目	计量单位	一车间半成品	二车间半成品	三车间产成品
本月投产或上车间投入	件	5 600	2 000	800
本月完工产品	件	4 000	1 600	600
月末在产品	件	1 600	400	200

注：月末在产品均按 50%估计约当产量。

（2）成本资料。本企业设直接材料、直接人工和制造费用三个成本项目。材料成本按投产件数分配，直接人工和制造费用成本按约当产量比例分配。本月份各车间发生的费用如表 7-34 所示。

表 7-34 有关成本资料　　　　　　　　　　　　　　　　单位：元

成本项目	一　车　间	二　车　间	三　车　间
直接材料	16 800		
直接人工	8 640	4 320	7 008
制造费用	5 760	2 886	3 500
合计	31 200	7 206	10 508

3. 要求：

按车间设置半成品或产成品成本计算单，分别计算完工产品和月末在产品成本。成本计算如表 7-35~表 7-37 所示。

表 7-35　成本计算单

一车间　　半成品 A　　投产：5 600 件　　完工：4 000 件　　在制：1 600 件　　单位：元

项　　目	直接材料	直接人工	制造费用	合　　计
本月费用				
A 件单位成本				
转下步成本				
在产品成本				

表 7-36　成本计算单

二车间　　半成品 B　　投产：2 000 件　　完工：1 600 件　　在制：400 件　　单位：元

项　　目	直接材料	直接人工	制造费用	合　　计
本月费用				
上步转入				
小计				
B 件单位成本				
转下步成本				
在产品成本				

表 7-37　成本计算单

三车间　　产成品　　投产：800 件　　完工：600 件　　在制：200 件　　单位：元

项　　目	直接材料	直接人工	制造费用	合　　计
本月费用				
上步转入				
小计				
单位成本				
完工产品成本				
在产品成本				

练习七

1. 目的：练习产品成本计算的平行结转分步法。

2. 资料：某企业设有三个基本生产车间。一车间制造甲种自制半成品，二车间将甲种自制半成品加工成乙种半成品。三车间将乙种半成品加工成丙种产成品。各车间的在产品规定按实际成本计价，其中原材料按全数计算，生产工人工资和其他加工费用，不论完工程度如何，一律按半数计算。

(1) 产量记录，如表 7-38 所示。

表 7-38 有关产量记录

项 目	计量单位	一车间	二车间	三车间
月初在产品数量	件	2	6	10
本月投产或上车间转入	件	50	44	40
完工产品数量	件	44	40	46
月末在产品数量	件	8	10	4

(2) 成本资料,如表 7-39 所示。

表 7-39 有关成本资料　　　　　　　　　　　　　　　　　　　单位:元

项 目	月末在产品成本				本期生产费用			
	一车间	二车间	三车间	合计	一车间	二车间	三车间	合计
直接材料	9 000			9 000	21 600			21 600
直接人工	1 400	1 700	800	3 900	5 000	6 000	7 840	18 840
制造费用	2 000	2 200	1 200	5 400	5 680	6 050	8 400	20 130
合计	12 400	3 900	2 000	18 300	32 280	12 050	16 240	60 570

3. 要求:

(1) 开设产品成本汇总计算表(见表 7-40~表 7-43),计算各车间应计入产成品成本的份额。

(2) 计算各车间每个成本项目的单位成本。

① 一车间:

　　直接材料的单位成本 =

　　直接人工的单位成本 =

　　制造费用的单位成本 =

② 二车间:

　　直接人工的单位成本 =

　　制造费用的单位成本 =

③ 三车间:

　　直接人工的单位成本 =

　　制造费用的单位成本 =

表 7-40 产成品成本汇总计算表

丙产品　　　　　　产量:46 件　　　　　　　　　　　　　　　单位:元

成本项目	一车间	二车间	三车间	产成品总成本	单位成本
直接材料					
直接人工					
制造费用					
合计					

表 7-41　成本计算单

一车间：甲半成品　　　　　　　　　　　　　　　　　　　　　　　　　　　单位：元

成本项目	期初在产品	本期成本	合计	期末在产品	完工产品成本份额	单位成本
直接材料						
直接人工						
制造费用						
合计						

表 7-42　成本计算单

二车间：乙半成品　　　　　　　　　　　　　　　　　　　　　　　　　　　单位：元

成本项目	期初在产品	本期成本	合计	期末在产品	完工产品成本份额	单位成本
直接材料						
直接人工						
制造费用						
合计						

表 7-43　成本计算单

三车间：丙产品　　　　　　　　　　　　　　　　　　　　　　　　　　　　单位：元

成本项目	期初在产品	本期成本	合计	期末在产品	完工产品成本份额	单位成本
直接材料						
直接人工						
制造费用						
合计						

五、简答与讨论题

1. 产品成本计算品种法的特点是什么？其适用范围如何？为什么说品种法是最基本的产品成本计算方法？

2. 产品成本计算分批法的特点是什么？其适用范围如何？

3. 采用分批法计算产品成本时，产品的批量是否一定是购买者订单规定的批量？为什么？

4. 简化分批法的特点是什么？其应用条件是什么？

5. 采用简化分批法时为什么必须设立基本生产成本二级明细账？这一账簿具有什么特殊作用？

6. 分步法的特点是什么？它的适用范围如何？

7. 逐步结转分步法的计算程序是怎样的？综合结转法分为哪两种？各是怎样结转半成品成本的？

8. 为什么要进行成本还原？成本还原的对象是什么？通常按照什么标准进行成本还原？

9. 综合结转法的优缺点是什么？采用这种结转法计算产品成本应具备什么条件？
10. 分项结转法的计算程序是怎样的？分项结转为什么一般按实际成本进行？
11. 逐步结转分步法有哪些优缺点？
12. 平行结转分步法有哪些优缺点？采用这种方法应具备什么条件？

六、案例分析

分批成本法引发的道德问题

Inshape 公司 11 月投入生产两项工作，均在 11 月投入生产并完工。工作 11-01 是一项特殊工作，客户与 Inshape 公司商定的最终价格为工作的成本加固定费用 10 000 美元。工作 11-02 是公司的一般订单，它采用固定价格 140 000 美元。两个工作在分配生产管理成本之前的成本分别如下：

	工作 11-01	工作 11-02	合计
直接材料	40 000 美元	20 000 美元	60 000 美元
直接人工	24 000 美元	72 000 美元	96 000 美元

本月的生产管理成本共计 48 000 美元。

Inshape 公司采用分批成本核算制（由于生产管理成本与直接人工高度相关，因此，公司根据直接人工分配生产管理成本），生产管理成本的分配标准为 50%（48 000 美元÷96 000 美元）。因此，采用这个分配基础分配给各个工作的生产管理成本及总成本如下：

	工作 11-01	工作 11-02	合计
直接材料	40 000 美元	20 000 美元	60 000 美元
直接人工	24 000 美元	72 000 美元	96 000 美元
分配的生产管理成本	12 000 美元	36 000 美元	48 000 美元
合计	76 000 美元	128 000 美元	204 000 美元

如果 Inshape 公司按直接材料的比例分配生产管理成本，则生产管理成本的分配标准为 80%（48 000 美元÷60 000 美元）。采用这个分配基础分配给两个工作的生产管理成本及总成本如下：

	工作 11-01	工作 11-02	合计
直接材料	40 000 美元	20 000 美元	60 000 美元
直接人工	24 000 美元	72 000 美元	96 000 美元
分配的生产管理成本	32 000 美元	16 000 美元	48 000 美元
合计	96 000 美元	108 000 美元	204 000 美元

尽管总成本未变，但是两种分配方法所得出的销售收入则有所不同，如下所示：

	基于下列分配	
	直接人工	直接材料
工作 11-01 的销售收入（特殊工作，加 10 000 美元）	86 000 美元	106 000 美元
工作 11-02 的销售收入（一般工作，固定价格）	140 000 美元	140 000 美元
销售收入合计	226 000 美元	246 000 美元

因为无论采用哪种方法，总成本都相同。如果 Inshape 公司采用直接材料成本作为分配基础，利润就会增加 20 000 美元。最终，公司总裁决定以直接材料作为分配基础分配生产管理成本。

讨论：Inshape 公司总裁对 11 月生产管理成本分配标准的选择是否符合商业伦理道德？

练习题参考答案

一、单项选择题

题号	1	2	3	4	5	6	7	8	9	10
答案	B	A	D	A	B	B	A	B	A	B
题号	11	12	13	14	15	16	17	18	19	20
答案	A	A	B	D	B	D	A	B	C	A

二、多项选择题

题号	1	2	3	4	5	6	7	8
答案	ABD	AB	ACD	ABD	AD	ADE	ABC	ABCDE
题号	9	10	11	12	13	14	15	
答案	ABCDE	AC	ACDE	AB	ACE	BE	CD	

三、判断题

题号	1	2	3	4	5	6	7	8	9	10
答案	×	√	×	×	√	×	×	×	√	√

四、业务题

练习一

(1) 表 7-3 的合计数为 20 160 元。

(2) 表 7-6 和表 7-7 在辅助生产费用分配前归集的费用分别为 1 437 元、2 405 元。

(3) 表 7-8 中两个车间的计划成本分配金额分别为 1 200 元和 2 200 元，实际成本分别为 1 537 元和 2 605 元，成本差异分别为 337 元和 405 元。

(4) 表 7-9 制造费用明细账归集的费用为 11 258 元。

(5) 废品损失明细账归集的费用为 3 905.8 元。

(6) 表 7-14 月末在产品的定额成本合计为 9 100 元。

(7) 表 7-15 和表 7-16 中完工产品的总成本分别为 28 059 元和 26 849 元。

(8)（略）

练习二

(1) 表 7-20、表 7-21（略）

(2) 表 7-22 #7301 月末在产品成本为 59 514 元。

(3) 表 7-23 #7304 完工产品成本为 55 808 元。

(4) 表 7-24 #7303 完工产品成本为 16 832 元。

(5) 表 7-25 #7302 月末在产品成本为 73 406 元。

练习三

(1) 预先设定的成本分配率 = 45 000/6 000 = 7.5（美元/h）；

(2) 咨询成本 = 75×15+7.5×15 = 1 237.5（美元）；

(3) 由于每小时的直接人工是 75 美元，每小时的间接成本是 7.5 美元，则：

$$每小时的总成本 = 75+7.5 = 82.5（美元）$$
$$预订利润 = 82.5×60\% = 49.5（美元/h）$$
$$定价 = 82.5+49.5 = 132（美元/h）$$

练习四

(1) 表 7-28 完工产品成本为 3 213 元。

(2) 表 7-29 完工产品成本为 5 630.40 元。

(3) 表 7-30 完工产品成本为 6 453 元。

(4) 表 7-31（略）

练习五（略）

练习六

(1) 表 7-35 在产品成本为 7 200 元。

(2) 表 7-36 在产品成本为 4 534 元。

(3) 表 7-37 在产品成本为 6 340 元。

练习七

答案要点：

(1) 一车间的直接材料的单位成本为 450 元，直接人工的单位成本为 100 元，制造费用的单位成本为 120 元。

(2) 二车间直接人工的单位成本为 140 元，制造费用的单位成本为 150 元。

(3) 三车间直接人工的单位成本为 180 元，制造费用的单位成本为 200 元。

五、简答与讨论题（略）

六、案例分析（略）

第八章

产品成本计算的辅助方法

> **学习目的与要求**
>
> 本章主要阐述产品成本计算的辅助方法。
>
> 学习本章，要理解产品成本计算分类法的含义及核算程序；理解产品成本计算定额法的基本原理及核算程序；了解联产品、副产品、等级品成本计算的特点；了解产品成本计算方法在企业中的实际应用情况。

学习重点与难点

一、产品成本计算的分类法

1. 分类法的含义及适用范围

分类法是指以产品的类别为成本计算对象，按产品类别归集生产费用，计算各类产品的总成本，然后采用一定分配标准计算类内各种产品成本的一种方法。分类法与企业生产的类型无直接关系，它可以在各种生产类型的企业或车间中应用，即凡是产品品种、规格繁多，又可以按照一定标准划分为若干类别的企业或车间，均可以采用分类法计算成本。另外，分类法还适用于联产品、副产品和等级品生产的企业或车间，以及企业除主要产品以外生产的零星产品成本的计算。

2. 产品的分类

在实际工作中，一般依据各种产品的性质、结构、用途等特点，将规格相仿、工艺过程相同或相近、耗用原材料相同或相近的产品归类，按照类别归集费用、计算成本。总之，恰当的产品分类的前提是：产品有必要分类，而且能够按照一定标准分类。

3. 类内成本的分配

一般采用的类内分配标准有定额消耗量、定额费用、售价以及体积、长度、重量等。选择的费用分配标准应该与产品成本的高低有密切的关系。

为了简化分配工作，可将上述某一种分配标准折算成相对固定的系数，按照固定的系数分配同类产品内各种产品的成本，称之为系数法或简化的分类法。

采用系数法时，可以分为四个步骤：①选一标准产品，将其分配标准（如定额消耗量、定额费用等）定义为1。②将其他产品的分配标准与标准产品的分配标准相比，计算出其他产品与标准产品的比率，即系数。③将各种产品的实际产量分别乘以各自的系数，计算出各种产品的总系数。④按总系数分配费用，计算各种产品的成本。

4. 分类法成本的计算程序

①将产品合理分类。②按类别开设产品成本计算单，按类归集费用，计算各类产品成本。③核算类内各种品种（规格）产品的成本。

5. 分类法的优缺点和应用条件

采用分类法可以简化成本计算工作，而且还能在产品品种、规格繁多的情况下，分类掌握产品成本水平。但是，由于类内各种产品成本的计算都是按一定比例分配计算的，计算结果有一定的假定性。分类法的应用条件为产品能适当分类，而且类内分配标准要恰当。

二、产品成本计算的定额法

1. 定额法的特点

定额法就是在生产费用发生时，根据事先制定好的定额计算产品的定额成本，同时对实际发生的生产费用和定额成本之间的差异一并加以核算，然后以差额调整定额成本，计算产品实际成本的一种成本计算方法。将成本的计划、控制、核算和分析结合在一起是定额法的本质特征。

2. 产品定额成本的计算

单位产品的定额成本=直接材料定额+直接人工定额+制造费用定额

其中：

$$直接材料费用定额=产品原材料消耗定额×原材料计划单价$$
$$直接人工定额=产品生产工时消耗定额×计划小时工资率$$
$$制造费用定额=产品生产工时消耗定额×计划小时费用率$$
$$全部产品的定额成本=实际产量×单位产品定额成本$$

3. 脱离定额差异的计算

脱离定额差异是指按产量和单位定额成本计算的总定额成本与产品的实际成本之间的差异。

$$材料脱离定额差异=（实际消耗量-定额消耗量）×计划单价$$

其中：
$$实际消耗量=本期领料数量+期初余料-期末余料$$
$$定额消耗量=本期投产数量×单位消耗定额$$

材料脱离定额差异的核算方法一般有限额法、切割法和盘存法三种。需要注意的是三种方法核算的都是本月投产产品所消耗的原材料的实际费用与定额费用之间的差额。

直接工资脱离定额差异=实际发生的直接工资-定额工资费用
=实际工时×实际工资率-定额工时×计划工资率

直接工资脱离定额差异实际上是工时差异和工资率差异之和。

制造费用脱离定额差异的计算与直接工资脱离定额差异的计算相似。

4. 定额变动差异的计算

定额变动差异是指由于修改消耗定额而产生的新旧定额之间的差额。在定额变动的月份，其月初在产品的定额成本仍然是按旧定额计算反映的，而本月的生产费用则是以新定额为基础加以计算和反映。为了以新定额为基础，将月初在产品定额成本与本月发生的定额成本相加，反映产品总的定额成本，就必须计算月初在产品的定额变动差异，以对月初在产品的定额成本进行调整。定额变动差异表明企业生产技术提高和生产组织改善对定额的影响程度。它是定额本身变动的结果，与生产费用支出的节约或超支无关；而脱离定额差异则反映生产费用支出符合定额的程度。

月初在产品定额变动差异=按旧定额计算的月初在产品费用×(1-定额变动系数)

其中： 定额变动系数=$\dfrac{按新定额计算的单位产品费用}{按旧定额计算的单位产品费用}$

5. 材料成本差异的分配

采用定额法，为了便于产品成本的考核和分析，材料的日常核算必须按计划成本进行。原材料的定额费用和脱离定额差异均是按原材料的计划成本计算的，所以月末计算产品实际成本时还应计算分配材料成本差异。计算公式如下：

某产品应分配的材料成本差异
=(该产品材料定额费用±原材料脱离定额差异)×材料成本差异分配率

6. 产品实际成本的计算

在定额成本法下，产品实际成本的计算公式为：

产品实际成本=产品定额成本±脱离定额差异±定额变动差异±材料成本差异

7. 定额法的应用条件

采用定额法必须具备的条件是：①产品已经定型，消耗定额比较准确、稳定。②企业定额管理工作基础比较好。

基本名词概念

(1) 产品成本计算的分类法是指以产品的类别为成本计算对象，按产品类别归集生产费用，计算各类产品的总成本，然后采用一定分配标准计算类内各种产品成本的一种方法。

(2) 系数法，在分类法中，为了简化类内各种产品之间费用的分配，将分配标准折算成相对固定的系数，按照固定的系数在类内各种产品之间分配费用的一种方法。

(3) 产品成本计算的定额法是指在生产费用发生时，根据事先制定好的定额计算产品的定额成本，同时对实际发生的生产费用和定额成本之间的差异一并加以核算，然后以差额调整定额成本，计算产品实际成本的一种成本计算方法。

(4) 脱离定额差异是指按产量和单位定额成本计算的总定额成本与产品的实际成本之间的差异。

(5) 定额变动差异是指由于修改消耗定额而产生的新旧定额之间的差额。

(6) 联产品是指用同样的原材料，经过同一生产过程，同时生产出两种或两种以上的主要产品。

(7) 副产品是指企业在主要产品的生产过程中，附带生产出的一些非主要产品。

(8) 等级品是指工业企业生产中，用同样的原材料，经过相同的生产过程，生产出品种相同但等级或质量不同的几种产品。

练 习 题

一、单项选择题

1. 使用相同的原材料，经过相同的加工过程生产出两种或两种以上的主要产品称为( )。

A. 等级产品 B. 联产品
C. 副产品 D. 合格产品

2. 联产品在分离前计算出来的总成本称为（   ）。

   A. 直接成本 B. 间接成本
   C. 联合成本 D. 分项成本

3. 定额法下，当消耗定额降低时，月初在产品的定额调整数和定额变动差异数（   ）。

   A. 两者都是正数 B. 两者都是负数
   C. 前者是正数，后者是负数 D. 前者是负数，后者是正数

4. 产品成本计算的分类法适用于（   ）。

   A. 品种、规格繁多的产品
   B. 可以按一定标准分类的产品
   C. 品种、规格繁多而且可以按照一定标准分类的产品
   D. 只适用于大量大批生产的产品

5. 某企业采用分类法计算产品成本，类内三种产品的材料费用定额分别为甲产品80 000元，乙产品为100 000元，丙产品为120 000元，其中乙产品为标准产品，则甲产品的材料费用系数为（   ）。

   A. 1.2 B. 1.0
   C. 0.8 D. 1.25

6. 原材料脱离定额差异是（   ）。

   A. 数量差异 B. 价格差异
   C. 一种定额变动差异 D. 原材料成本差异

7. 某产品的某些零件从月初起修订原材料费用定额。该产品原材料费用定额由原来的20元/件调整为16元/件。该产品月初在产品的原材料费用定额为5 000元。据此计算的月初在产品原材料费用的定额变动差异为（   ）元。

   A. 1 250 B. -1 250
   C. 1 000 D. -1 000

8. 产品成本计算的定额法，在适用范围上（   ）。

   A. 与生产的类型没有直接关系
   B. 与生产的类型有着直接关系
   C. 只适用于大量大批生产的机械制造业
   D. 只适用于小批单件生产的企业

9. 某产品原材料定额费用为1 000元，原材料脱离定额差异为-300元，材料成本差异率为-2%，则该产品应分配的原材料成本差异为（   ）元。

   A. -14 B. -20
   C. 6 D. 26

10. 下列情况必须采用分类法计算产品成本的是（   ）。

    A. 联产品 B. 副产品
    C. 一个企业同时生产的几种产品 D. 一个车间同时生产的几种产品

11. 分类法的成本计算对象是（　　）。
    A. 产品品种　　　　　　　　　　B. 产品类别
    C. 产品规格　　　　　　　　　　D. 产品加工步骤
12. 关于联产品，下列说法中正确的是（　　）。
    A. 联产品中各种产品的成本应该相等
    B. 可以按联产品中的每种产品归集和分配生产费用
    C. 联产品的成本应该包括其所应负担的联合成本
    D. 联产品的成本应该包括其所应负担的联合成本和分离后的继续加工成本
13. 联产品分离前的联合成本的计算可采用分类法的原理进行。联合成本在各种联产品之间分配的常用方法是（　　）。
    A. 实际产量分配法　　　　　　　B. 约当产量分配法
    C. 标准产量分配法　　　　　　　D. 计划产量分配法
14. 副产品的计价可以根据不同情况分别采用不同方法，常见的方法是（　　）。
    A. 按上期成本计价　　　　　　　B. 按固定成本计价
    C. 按定额成本计价　　　　　　　D. 按实际成本计价
15. 副产品成本从联合成本中扣除的方法可以是（　　）。
    A. 从"直接材料"成本项目中扣除　B. 从"直接人工"成本项目中扣除
    C. 从"制造费用"成本项目中扣除　D. 由企业自行决定
16. 采用分类法按系数分配计算类内各种产品成本时，对于系数的确定方法是（　　）。
    A. 选择产量大的产品作为标准产品，将其分配标准数确定为1
    B. 选择产量大、生产稳定的产品作为标准产品，将其分配标准数确定为1
    C. 选择产量大、生产稳定或规格折中的产品作为标准产品，将其分配标准数确定为1
    D. 自行选择一种产品作为标准产品，将其分配标准数定为1
17. 采用分类法计算产品成本，目的在于（　　）。
    A. 简化各类产品成本的计算工作　B. 分品种计算产品成本
    C. 简化各种产品成本的计算工作　D. 分类计算产品成本
18. 以下有关副产品的表述中正确的是（　　）。
    A. 副产品是企业生产活动的主要目标之一　B. 副产品不需要负担联合成本
    C. 副产品必须负担联合成本　　　D. 副产品的成本核算工作可以简化
19. 在完工产品成本中，如果月初在产品定额变动差异是负数，说明（　　）。
    A. 定额提高了
    B. 定额降低了
    C. 本月定额管理和成本管理不利
    D. 本月定额管理和成本管理取得了成绩
20. 产品成本计算的定额法在适用范围上（　　）。
    A. 与生产的类型没有直接关系　　B. 与生产的类型有着直接的关系
    C. 只适用大量大批生产的机械制造业　D. 只适用于小批单件生产的企业

二、多项选择题

1. 分类法下同类产品内各种产品之间分配费用的标准有（　　）。
   A. 定额消耗量　　　　　　　　　　B. 定额费用
   C. 售价　　　　　　　　　　　　　D. 产品的体积

2. 按照系数比例分配同类产品中各种成本的方法（　　）。
   A. 是一种单独的产品成本计算方法
   B. 是完工产品和月末在产品之间分配费用的方法
   C. 是分类法的一种
   D. 是一种简化的分类法

3. 可以或者应该采用分类法计算成本的产品，有（　　）。
   A. 联产品
   B. 由于工人操作所造成的质量等级不同的产品
   C. 品种、规格繁多，但可以按一定标准分类的产品
   D. 品种、规格繁多，且数量少，费用比重小的一些零星产品

4. 在定额法下，产品的实际成本是（　　）的代数和。
   A. 按现行定额计算的定额成本　　　B. 脱离定额的差异
   C. 材料成本差异　　　　　　　　　D. 定额变动差异

5. 在完工产品成本中，如果月初在产品定额变动差异是正数，说明（　　）。
   A. 消耗定额降低了
   B. 消耗定额提高了
   C. 本月份定额管理和成本管理有成绩
   D. 上月份定额管理和成本管理有成绩

6. 下列产品中，可以采用分类法计算成本的有（　　）。
   A. 等级品　　　　　　　　　　　　B. 主、副产品
   C. 联产品　　　　　　　　　　　　D. 不同规格的针织品
   E. 各种糖果产品

7. 采用分类法计算成本的优点有（　　）。
   A. 可以简化成本计算工作
   B. 可以分类掌握产品成本情况
   C. 可以使类内各种产品成本的计算结果更为准确
   D. 便于成本日常控制

8. 在品种规格繁多且可按一定标准划分为若干类别的企业或车间中，能够应用分类法计算成本的产品生产类型有（　　）。
   A. 大量大批多步骤生产　　　　　　B. 大量大批单步骤生产
   C. 单件小批多步骤生产　　　　　　D. 单件小批单步骤生产
   E. 成批生产

9. 副产品成本可以（　　）。
   A. 按计划成本确定　　　　　　　　B. 按固定的单价确定

C. 按可分成本确定　　　　　　　　D. 不计算

E. 按售价扣除税金、销售费用和销售利润后的余额确定

10. 联产品的生成特点是（　　）。

　　A. 经过同一个生产过程进行生产

　　B. 利用同一种原材料加工生产

　　C. 都是企业的主要产品

　　D. 有的是主要产品，有的是非主要产品

　　E. 生产成本相同

11. 定额法的主要优点有（　　）。

　　A. 有利于加强成本控制，便于成本定期分析

　　B. 有利于提高成本的定额管理和计划管理水平

　　C. 能够较为合理、简便地解决完工产品和月末在产品之间的费用分配问题

　　D. 较其他成本计算方法核算工作量小

12. 采用定额法计算产品成本应具备的条件有（　　）。

　　A. 产品生产已经定型，且消耗定额比较准确稳定

　　B. 有健全的定额管制制度

　　C. 定额管理基础比较好

　　D. 产品已经定型，消耗定额比较准确但不稳定

13. 下述关于成本计算分类法的表述中正确的有（　　）。

　　A. 必须恰当地划分产品的类别

　　B. 必须合理地确定产品的分配标准或系数

　　C. 对产品分类时，类距既不能定得过小也不能定得过大，以免影响成本计算的正确性

　　D. 在产品结构、所耗原材料或工艺技术发生较大改变时，应及时修订分配系数或另选分配标准，以保证成本计算的正确性

14. 下述关于成本计算方法选择的表述中正确的有（　　）。

　　A. 如果企业生产不同特点的不同产品，可以采用不同的成本计算方法计算不同产品的成本

　　B. 企业各车间的生产类型不同，可以采用不同的成本计算方法计算产品成本

　　C. 企业各车间的生产类型相同，但管理要求不同，可以采用不同的成本计算方法计算产品成本

　　D. 同一车间生产的不同产品必须采用相同的成本计算方法计算成本

　　E. 为了使企业各期的产品成本具有可比性，各期所采用的成本计算方法应相对稳定

15. 下述关于产品成本计算方法确定的表述中正确的有（　　）。

　　A. 一个车间内生产多种产品，各产品的生产类型和管理要求不同，可以采用不同的成本计算方法计算产品成本

　　B. 在同一企业生产同一种产品，由于不同生产步骤的生产特点和管理要求不同，可以结合采用几种成本计算方法计算产品成本

C. 产品成本计算的分类法和定额法，都是为了解决成本计算或成本管理工作中某一方面的问题而采用的成本计算方法

D. 产品成本计算的分类法和定额法与生产类型的特点没有直接关系，各种类型的企业均可单独采用

E. 产品成本计算的分类法和定额法与生产类型的特点没有直接关系，各种类型的企业均可与相关基本方法结合采用

三、判断题

1. 分类法是以产品类别为成本计算对象的一种产品成本计算的基本方法。（　）
2. 定额法是单纯计算产品实际成本的一种成本计算方法。（　）
3. 在定额法下，退料单是一种差异凭证。（　）
4. 在计算月初在产品定额变动差异时，若是定额降低的差异，应从月初在产品定额成本中减去，同时加入本月产品成本中。（　）
5. 一个企业或车间有可能同时采用几种成本计算方法。（　）
6. 对于同一种产品只能采用一种成本计算方法。（　）
7. 分类法的缺点是产品成本计算的结果带有一定的假定性。（　）
8. 产品成本计算的定额法与产品的生产类型没有直接联系，因而可以在各种类型的生产中应用。（　）
9. 联产品必须采用分类法计算产品成本。（　）
10. 采用定额法时，材料的日常核算必须按计划成本进行。（　）

四、业务题

练习一

1. 目的：练习产品成本计算的分类法。
2. 资料：
(1) 有关生产统计资料如表 8-1 所示。
(2) 有关生产费用资料如下：

　　直接材料：46 000 元

　　动　　力：3 000 元

　　直接人工：11 100 元

　　制造费用：23 750 元

表 8-1　生产统计表

产　　品	名　　称	产量（套）	出厂价（元）	系数	工时/h	标 准 产 量
#3056	轴承	70 000	120		14 000	
#3057	轴承	20 000	168		6 000	
#3058	轴承	5 000	192		2 000	
#3059	轴承	5 000	216		3 000	
合计		100 000			25 000	

3. 要求：

（1）以#3056 轴承为标准产品并以其出厂价为标准，换算各种产品的系数。

（2）按产量乘以系数之积（即标准产量）分配材料费用，按工时分配其他费用。

（3）计算各种产品总成本及单位成本。

（4）各项分配率计算要求精确到 0.000 1，金额计算要求精确到 0.01 元。

练习二

1. 目的：练习按定额法计算产品成本中原材料成本项目的实际成本。

2. 资料：假设某企业生产甲产品。月初在产品 350 件的原材料定额成本按上月旧的消耗定额每件为 20 元，共计 7 000 元。自本月初起每件材料消耗定额调整为 18 元。本月投产 650 件，实际发生的原材料计划成本为 17 000 元，材料成本差异率为-2%。本月甲产品 1 000 件全部完工。

3. 要求：计算完工甲产品实际原材料总成本（将计算过程详细列出）。

练习三

1. 目的：练习产品成本计算的定额法。

2. 资料：假设某企业为大量大批生产甲产品的机械制造企业，定额管理制度比较健全，定额管理工作的基础较好，甲产品的生产已经定型，各项消耗定额比较准确、稳定，因此，该企业采用定额法计算甲产品成本。

（1）产品定额成本资料。该企业材料在生产开始时一次投入。由于工艺技术的改进，于 20××年 7 月初对材料消耗定额进行修订，将原材料消耗定额 30kg、材料费用定额 300 元，修订为 28.8kg，新的材料费用定额为 288 元。有关甲产品定额成本的资料如表 8-2 所示。

表 8-2 产品定额成本计算表

产品：甲产品　　　　　　　　　　20××年 1 月

材料编号及名称	计量单位	材料消耗定额	计划单价（元）	材料费用定额（元）
×××	kg	30	10	300

工时定额/h	直接人工		制造费用		产品定额成本合计（元）
	工资率(元/h)	金额（元）	费用率(元/h)	金额（元）	
20	3	60	3.5	70	430

（2）月初在产品定额成本和脱离定额差异资料如表 8-3 所示。

表 8-3 月初在产品定额成本和脱离定额差异

产品：甲产品　　　　　　　　　20××年 7 月　　　　　　　　　单位：元

成本项目	定额成本	脱离定额差异
直接材料	3 000	-150
直接人工	300	25
制造费用	350	40
合计	3 650	-85

(3) 本月生产量和生产费用。甲产品月初在产品 10 件，本月投产 50 件，本月完工 48 件，月末在产品 12 件。月初、月末在产品的完工程度均为 50%。本月投入定额工时 980h。

根据限额领料单，实际领用材料 140kg，金额 1 400 元，材料成本差异率为 4%，实际生产工人工资 3 117.5 元，实际制造费用 3 190 元。

为简化成本计算工作，脱离定额差异按完工产品和月末在产品的定额成本比例分配，定额变动差异和材料成本差异均由完工产品负担。分配率的计算精确到 0.000 01，分配金额的计算精确到 0.01。

3. 要求：计算甲产品的实际成本。

练习四

1. 目的：练习联产品联合成本的分配。
2. 资料：Elsie 奶产品公司购买全脂牛奶并通过搅拌过程进行提纯。每加仑牛奶生产 2 杯（1 磅）奶油和 2 夸脱（8 杯）酪乳。20×8 年 5 月，公司以 15 000 美元购入 10 000 加仑牛奶。在搅拌过程中，公司另外花费 5 000 美元将牛奶分离成奶油和酪乳，奶油可以直接销售，每磅 2 美元，酪乳也可以直接销售，每夸脱 1.50 美元。

公司选择将奶油与芥花油混合进一步加工成涂抹黄油，为此每磅发生额外成本 0.50 美元。每磅奶油经过加工得到 2 杯涂抹黄油。每杯涂抹黄油售价 2.50 美元。

3. 要求：

（1）分别采用以下方法，将联合成本 20 000 美元分配给酪乳和涂抹黄油：
1）实物计量法。
2）分离点销售价格法。
3）预计可实现净值法。

（2）每种方法的优缺点是什么？

五、简答与讨论题

1. 分类法的特点是什么？其计算程序如何？
2. 分类法与生产类型有没有直接的关系？分类法的适用范围如何？
3. 分类法有哪些优缺点？采用这种方法应具备什么条件？
4. 简述定额法的优点及应用条件。
5. 如何核算产品脱离定额差异？
6. 产品材料脱离定额差异、直接人工脱离定额差异与制造费用脱离定额（计划）差异的核算有何区别？
7. 什么是定额变动差异？如何将定额变动差异在完工产品和月末在产品之间进行分配？
8. 什么是联产品？什么是等级品？什么是副产品？
9. 简述联产品成本计算的特点。
10. 联产品联合成本的分配方法有哪些？
11. 副产品成本计算的方法有哪些？
12. 简述分类法下如何确定标准产品。

13. 概述企业如何根据生产特点和管理要求进行成本计算方法的选择。
14. 简述定额法计算产品成本的程序。

六、案例分析

普林赛斯公司种植苹果，并加工、包装及销售三种联产品：用于冷冻馅饼的苹果片、苹果酱和苹果汁。加工成动物饲料的苹果皮被视为副产品。普林赛斯公司采用预计可实现净值法将联合加工成本分配给联产品。普林赛斯公司生产加工过程细节如下：

(1) 在切割车间清洗苹果，削外皮，然后去核和削整。在切割车间加工后，三种联产品和副产品可以分别确认。接着每一种产品被运送到各个车间以进行最后加工。

(2) 运送削整过的苹果到切片车间进行切片和冷冻，在切片时生产的苹果汁与苹果片一起冷冻。

(3) 在碾碎车间削整过的苹果被加工成苹果酱，将在此过程中产生的苹果汁用于苹果酱。

(4) 在榨汁车间果核和切割车间的苹果余料被压榨成液体，此车间加工损失为产品重量的8%。

(5) 在饲料车间，苹果皮被切碎制成动物饲料并被包装。苹果皮可冷藏直至需要时再使用。

20×7年11月切割车间完工产品270 000千克，发送至各个车间进一步加工。有关数据具体如表8-4所示。

表8-4 具体数据

车间	发生成本（元）	运到车间的产品重量比例	最终产品每千克的售价（元）
切割车间	60 000		
切片车间	11 280	33%	0.80
碾碎车间	8 550	30%	0.55
榨汁车间	3 000	27%	0.40
饲料车间	700	10%	0.10
合计	83 530	100%	

要求：

(1) 普林赛斯公司用预计可实现净值法来确定联产品存货成本。从20×7年起，普林赛斯公司将动物饲料作为副产品。副产品在制成后以销售价格盘存。其可实现净值用于抵减分离点前联合生产成本。请计算20×7年11月这个月内如下数据：

① 苹果片、苹果酱、苹果汁和动物饲料的产量各是多少？

② 三种联产品在分离点处预计可实现净值是多少？

③ 根据公司的会计政策，切割车间分配给三种联产品的成本是多少？三种联产品各自的毛利又是多少？

(2) 20×7年前，普林赛斯公司将苹果汁和动物饲料均作为副产品。在会计制度中，这些副产品直至销售时才被确认，不负担联合成本，其销售收入在销售时作为收入项目计入。普林赛斯公司以"目标管理"为基础对管理人员支付报酬。也就是每六个月，以管理人员的"弹性"营业利润占收入的比例为评价目标。如果他们没有达到这一目标,他们就得不到奖金;如果达到或超过这一目标,他们就会收到固定数额的奖金。

① 假定普林赛斯公司管理人员以奖金最大化为目标,那他们将更乐意采用哪种副产品会计处理方法(是20×7年以前所用方法,还是20×7年所用方法)?

② 公司负责人怎样才能判断产品部门的管理人员是否为了使自己奖金最大化,而"滥用"会计制度?

练习题参考答案

一、单项选择题

题号	1	2	3	4	5	6	7	8	9	10
答案	B	C	D	C	C	A	C	A	A	A
题号	11	12	13	14	15	16	17	18	19	20
答案	B	D	C	B	A	C	C	D	A	A

二、多项选择题

题号	1	2	3	4	5	6	7	8
答案	ABCD	CD	ACD	ABCD	AC	ABCDE	AB	ABCDE
题号	9	10	11	12	13	14	15	
答案	BE	ABC	ABC	ABC	ABCD	ABCE	ABCE	

三、判断题

题号	1	2	3	4	5	6	7	8	9	10
答案	×	×	√	√	√	×	√	√	√	√

四、业务题

练习一

产品成本计算单(答案),如表8-5所示。

表8-5 产品成本计算单(答案)　　　　金额单位:元

产品	系数	标准产量(套)	直接材料	工时/h	直接人工	动力	制造费用	总成本	单位成本
分配率			0.4		0.444	0.12	0.95		
#3056	1	70 000	28 000	14 000	6 216	1 680	13 300	49 196	0.70
#3057	1.4	28 000	11 200	6 000	2 664	720	5 700	20 284	1.01
#3058	1.6	8 000	3 200	2 000	888	240	1 900	6 228	1.25
#3059	1.8	9 000	3 600	3 000	1 332	360	2 850	8 142	1.63
合计		115 000	46 000	25 000	11 100	3 000	23 750	83 850	

练习二

产品定额成本 = 350×18+650×18 = 18 000（元）

脱离定额差异 = 17 000-650×18 = 5 300（元）

定额变动差异 = 7 000×(1-18÷20) = 700（元）

材料成本差异 = 17 000×(-2%) = -340（元）

材料的实际成本 = 18 000+5 300+700-340 = 23 660（元）

练习三

基本生产成本明细账（答案），如表 8-6 所示。

表 8-6 基本生产成本明细账（答案）

产品名称：甲产品　　　　　　　　　　　　　　　　　　　　　　　　　　　　单位：元

月	日	摘要	直接材料		直接人工		制造费用		定额变动差异	材料成本差异	合计
			定额成本	脱离定额差异	定额成本	脱离定额差异	定额成本	脱离定额差异			
6	30	在产品成本	3 000	-150	300	25	350	40			3 565
7	1	定额变动差异	-120								-120
7	31	本月生产费用	14 400	-400	2 940	177.50	3 430	-240	120	560	20 987.50
7	31	生产费用合计	17 280	-550	3 240	202.50	3 780	-200	120	560	24 432.50
7	31	产成品成本	13 824	-440.02	2 880	180	3 360	-177.80	120	560	20 306.18
7	31	在产品成本	3 456	-109.98	360	22.50	420	-22.22			4 126.30

练习四

（1）实物计量法下成本分配（答案），如表 8-7 所示；分离点销售价格法下成本分配（答案），如表 8-8 所示；预计可实现净值法下成本分配（答案），如表 8-9 所示。

表 8-7 实物计量法下成本分配（答案）

使用实物计量法的联合成本分配	酪乳	涂抹黄油	合计
总产量实物计量（杯）	80 000（10 000×8）	20 000（10 000×1×2）	100 000
权数	0.8	0.2	
分配的联合成本（美元）	16 000（0.8×20 000）	4 000（0.2×20 000）	20 000

表 8-8 分离点销售价格法下成本分配（答案）

使用分离点销售价格法的联合成本分配	酪乳	涂抹黄油	合计
分离点销售价值（美元）	30 000（10 000×2×1.5）	20 000（10 000×1×2）	50 000
权数	0.6	0.4	
分配的联合成本（美元）	12 000（0.6×20 000）	8 000（0.4×20 000）	20 000

第八章 产品成本计算的辅助方法

表 8-9 预计可实现净值法下成本分配（答案）

使用预计可实现净值法的联合成本分配	酪 乳	涂抹黄油	合 计
会计期间最终销售价值（美元）	30 000（10 000×2×1.5）	50 000（10 000×1×2×2.5）	80 000
减：可分属成本（美元）	0	5 000（10 000×1×0.5）	5 000
分离点处可实现净值	30 000	45 000	75 000
权数	0.4	0.6	
分配的联合成本（美元）	8 000（0.4×20 000）	12 000（0.6×20 000）	20 000

（2）略

五、简答与讨论题（略）

六、案例分析

（1）

① 苹果片、苹果酱、苹果汁和动物饲料的产量计算（答案），如表 8-10 所示。

表 8-10 苹果片、苹果酱、苹果汁和动物饲料的产量计算（答案）　　单位：元

产　品	总　投　入	重量比例	车间投入	加工损失	产量（箱）
苹果片	270 000	33%	89 100	—	89 100
苹果酱	270 000	30%	81 000	—	81 000
苹果汁	270 000	27%	72 900	5 832	67 068
动物饲料	270 000	10%	27 000	—	27 000
合　计		100%	270 000	5 832	264 168

② 三种联产品在分离点处预计可实现净值的计算（答案），如表 8-11 所示。

表 8-11 三种联产品在分离点处预计可实现净值的计算（答案）　金额单位：元

产　品	产量（箱）	销售单价	总　收　入	可分成本	可实现净值
苹果片	89 100	0.80	71 280	11 280	60 000
苹果酱	81 000	0.55	44 550	8 550	36 000
苹果汁	67 068	0.40	26 827.20	3 000	23 827.20
合　计	264 168		142 657.20	22 830	119 827.20

③ 副产品可实现净值 = 0.1×（270 000×10%）−700
　　　　　　　　　　= 2 700−700
　　　　　　　　　　= 2 000（元）

三种联产品的联合成本 = 60 000−2 000 = 58 000（元）

具体分配如表8-12所示。

表8-12 具体分配（答案）　　　　　　　　　　　　　　　　　　　单位：元

产　品	收　　入	可分成本	可实现净值	联合成本	毛　利
苹果片	71 280	11 280	60 000	29 041	30 959
苹果酱	44 550	8 550	36 000	17 425.09	18 574.91
苹果汁	26 827.20	3 000	23 827.20	11 533.91	12 293.29
合计	142 657.20	22 830	119 827.20	58 000	61 827.20

（2）

① 20×7年前，普林斯顿公司将苹果汁和动物饲料均作为副产品，因而只有苹果片和苹果酱两种主要产品，则联合成本只需按照苹果片和苹果酱的可实现净值的比例分配。

苹果片应负担的联合成本=60 000÷（60 000+36 000）×60 000=37 500（元）

苹果酱应负担的联合成本=36 000÷（60 000+36 000）×60 000=22 500（元）

四种产品的毛利及毛利率计算如表8-13所示。

表8-13 四种产品的毛利及毛利率（答案）　　　　　　　　　　　　单位：元

产　品	收　　入	可分成本	可实现净值	联合成本	毛　利	毛 利 率
苹果片	71 280	11 280	60 000	37 500	22 500	31.57%
苹果酱	44 550	8 550	36 000	22 500	13 500	30.30%
苹果汁	26 827.20	3 000	23 827.20	—	23 827.20	88.82%
动物饲料	2 700	700	2 000	—	2 000	74.07%
合计	145 357.20	23 530	119 827.20	58 000	61 827.20	

管理人员更愿意采用20×7年前的方法。管理人员可以通过苹果汁和动物饲料冷冻的方法推迟这些副产品的销售，从而达到任意调节利润等指标的目的。

② 公司负责人可以通过检查年末苹果汁和动物饲料等副产品的库存情况，判断苹果产品部门的管理人员是否为了使自己奖金最大化"滥用"会计制度。在当年的毛利率高于目标毛利率时，管理人员可能会推迟副产品的销售，以备下年度"缓冲"之用；在当年的毛利率低于目标毛利率时，管理人员可能会将上年度"隐藏"的毛利转出。

公司负责人还可以通过检查月末各种存货的持有方法进行判断。如果发现两种副产品存货的持有方式与两种联产品存货的持有方式不同，应该进一步调查果产品部门的管理人员是否有滥用会计制度的情况。

第三篇

成本管理

第九章　作业成本计算与作业成本管理
第十章　生命周期成本、目标成本与约束理论
第十一章　标准成本制度
第十二章　质量成本管理
第十三章　供应链成本管理
第十四章　环境成本管理
第十五章　人力资源成本的核算与管理
第十六章　成本报表的编制和分析

第九章 作业成本计算与作业成本管理

学习目的与要求

本章主要阐述作业成本计算与作业成本管理的基本原理与方法。

学习本章,要理解作业成本计算的基本思想;掌握作业成本计算的程序,明确作业成本管理的基本原理,掌握作业成本管理的内容与方法,了解作业效率分析的方法。

学习重点与难点

一、作业成本计算的基本思想

作业成本法的基本思想在于尽量根据成本发生的因果关系,将资源耗费分配至产品成本上。为此,将成本分为以下三种不同类型,并采取不同的方式进行处理:

(1) 直接成本直接计入特定的产品成本中。

(2) 间接成本应尽量追溯到相应的作业中,再按照每一项作业的成本动因将其分配计入特定的产品成本中。

(3) 除上述两类成本外的成本费用为不可追溯成本,采用某种分配标准将其分配计入有关的产品成本中。

二、作业成本计算的程序

(1) 确认耗用企业辅助资源的所有作业。

(2) 将辅助资源费用追溯到对应的作业中。

(3) 为每一种作业确定一个成本动因并计算成本动因率,成本动因率的计算公式为:

$$成本动因率 = \frac{作业成本}{成本动因量}$$

(4) 将作业成本分配到产品成本,产品成本的计算公式为:

$$某产品的作业成本 = \Sigma \frac{该产品消耗的某项}{作业成本动因量} \times 各项作业成本动因率$$

三、作业成本管理

作业成本法具有二维观念:一是"成本分配观";二是"过程观"。成本分配观提供关于资源、作业及成本对象的有关信息。它是以"成本对象引起作业需求,而作业需求引起资源需求"为基本依据,将资源首先分配至作业,再由作业分配至成本对象。过程观提供"何种因素引起作业以及作业完成效果如何"的信息。企业可以利用这些信息不断优化经营过程,从而实现持续改善。作业管理体现了作业成本法的过程观,其目的在于对作业链进行持续改善，以便使企业获得竞争优势。

作业管理一般是通过成本动因分析、作业分析、作业改进和业绩计量实现的。

四、作业效率分析

降低非增值成本是作业成本管理的方法之一。一般通过编制增值与非增值成本报告与非增值作业成本趋势报告进行分析。非增值作业的优化标准是零成本和零产出，增值作业需要制定增值标准。

改善成本法是降低非增值作业的方法之一。一般通过重复两个主要的子循环完成，具体见主教材中的图9-13。标杆瞄准是（Bench Marking）用来帮助识别作业改进机会的一种方法，是用最好的实践结果作为评价作业业绩的标准。在执行作业和流程时，达到最好水平是标杆瞄准的目标。标杆可以是一个组织内，从事同种作业业绩最好的单位，也包括与竞争对手或其他产业的比较。成本动因影响成本行为，所以加强成本动因管理有利于引导员工努力降低成本的行为。

基本名词概念

（1）作业是指组织内为某种目的而进行的耗费资源的活动。

（2）单位水平作业反映对每单位产品产量或服务所进行的工作，是使单位产品受益的作业。

（3）批量水平作业是由生产批别次数直接引起，与生产数量无关，是使一批产品受益的作业。

（4）产品水平作业是每一类产品的生产和销售所需要的工作，是使某种产品的每个单位都受益的作业。

（5）能力维持水平作业是使企业生产经营正常运转的工作，是使某个机构或某个部门受益的作业。

（6）成本动因，是指引起成本发生的驱动因素，又称成本驱动因素，是决定执行作业所需的工作量和工作耗费的因素。成本动因不仅能解释作业产生的原因，而且还能解释执行作业所需耗费资源增减的变动。

练 习 题

一、分析判断选择题

1. 对表9-1中的作业，判断作业层次，并判断其是否属于增值作业（在表9-1中的相应位置上划上"√"）。

表9-1 作业及其动因

作 业	作 业 动 因	作 业 层 次				作业增值性	
		单位水平	批量水平	产品水平	能力维持	增值作业	非增值作业
待工	每件产品加工后的停顿时间/min						
机器加工	机器小时						
重复检验	不合格产品批数						

(续)

作业	作业动因	作业层次				作业增值性	
		单位水平	批量水平	产品水平	能力维持	增值作业	非增值作业
订单处理	订单份数						
广告策划	策划次数						
材料存储	材料体积/m³						
一般管理	产品价值增值量（元）						

2. 下面的作业为某车轮制造工厂的生产过程，请为每一项作业选出最可能的成本动因（每一项作业可能不止一个成本动因）。

作业活动
（1）融化铝
（2）铸铝（将融化的铝注入模具）
（3）X-Ray 检测
（4）钻孔
（5）修整表面
（6）镀铬
（7）喷漆
（8）包装
（9）机器安装
（10）装运

可能的成本动因
a. 车轮的数量
b. 铸造的小时
c. 融化的铝重量
d. 安装的数量

3. 判断下列资源或作业活动的水平。

（1）应付账款
（2）应收账款
（3）存货控制
（4）材料计划与控制
（5）采购
（6）收货或码货
（7）材料检验
（8）质量控制
（9）供应商评估
（10）供应商发展

4. 将下列成本归类为单位水平、批别水平、产品水平和能力维持水平作业成本。

资源与作业的描述
（1）产品管理
（2）市场调研
（3）计件生产工人的工资
（4）机器安装与准备工人的工资
（5）公司法律部门的费用（为与每一客户签订合同提供支持）
（6）原材料的消耗
（7）软件费（控制机器运转的软件，主要用于生产批量转换时）

作业水平
a. 单位水平作业
b. 批量水平作业
c. 产品水平作业
d. 能力维持水平作业

5. 为下列每一项作业确定一个成本动因。

（1）直接材料	（6）机械调整准备人员工资
（2）直接人工	（7）设备维修费
（3）采购人员工资	（8）工厂建筑物保险费
（4）材料整理人员工资	（9）工厂建筑物租赁费
（5）零部件管理员的工资	（10）工厂建筑物折旧费

6. 富康公司正在调查在工厂中改变时间表的成本。下面是作业的目录，估计的时间和单个时间表改变的平均成本，如表 9-2 所示。

表 9-2 作业目录

作　业	估 计 时 间	平均成本(元)
检查订单的效果	30min～2h	300
重定时间表	15min～24h	800
滞销		
不可靠客户的服务		
重定生产订单顺序	15min～1h	75
联系生产管理人员	5min	5
停止生产		
建立退回材料的文书工作		
退回并放置材料（多余的存货）	20min～6h	1 500
产生新的生产文书工作	15min～4h	500
改变程序安装		
改变材料账单		
改变采购时间表	10min～8h	2 100
购买订单		
存货		
从底层收集文书工作	15min	75
检查新生产线的时间表	15～30min	100
加班奖金	3～10h	1 000
合计		6 455

分析：

（1）如果有的话，上述哪些为增值作业？

（2）在这种情况下，增值作业成本动因是什么？

（3）怎样才能控制成本动因，并减少作业？

7. 米源是一家高度自动化的快餐店，它依靠精密复杂的计算机控制设备来生产食品并将其送至客户手中。就生产操作和企业组织来说，这家餐馆与其他主要特许快餐店一样。请确定下面的成本是单位层次的、批别层次的、生产/加工层次的，或是组织层次的（能力维持层次的）。

(1) 店铺经理的薪水
(2) 冷冻炸薯条
(3) 餐巾纸
(4) 炸食品的油
(5) 餐馆房屋的维修费
(6) 清洁桌子的工人的工资
(7) 比萨烤箱的电费
(8) 财产税
(9) 厨房设备的折旧
(10) 原材料的冷藏

8. 来喜食品公司生产各种饼干，冷藏后在百货商店销售。生产过程包括以下几个步骤：

(1) 验收面粉、葡萄干等原料，在使用前储存起来。

(2) 用手推车将原料推入搅拌室。

(3) 以 40kg 为单位，分批放入搅拌器，做成面团。

(4) 面团存放在搅拌室的面板上，直到有空闲的饼干机时才运走。

(5) 把一板面团运到饼干室。将板倾斜，面团滑入饼干机的漏斗。机器将面团撕成小块，织成圆筒状，然后压成干果型。饼干机可按预先设定的程序，加工成大小和形状不同的饼干。工人们将这些未烹制的饼干放入一个托盘中，等待空出煮盆后再加工。

(6) 然后将一盘盘未烹制的饼干运入隔壁房间，在那里有 3 个装有沸水的煮盆。倒入饼干，煮沸大约 1min。

(7) 用一个长把漏勺捞出饼干放在一张木板上，然后运入烘烤间，等待有空出的烤箱架。两个烤箱共有 8 个架子，像转椅的座位一样竖直转动。转一整圈一架饼干就烘烤完毕。烘烤完毕的一架移出，再放入新的一架。每当烤箱中心支架转动一周，烤箱的门即开闭一次。

(8) 将饼干从烤箱中移出，放入篮子中冷却。

(9) 在饼干冷却的过程中检验，形状不合格的拿出放在一边。

(10) 用篮子将冷却的饼干运到包装部门，把饼干倒入包装机的漏斗。包装机将每 6 块饼干倒入一个袋子并封口。

(11) 然后按每盒 24 袋的标准把饼干包装成盒，再放入冷藏室，在发运前冷藏储存。

要求：

(1) 将饼干生产过程的各生产步骤按以下类别分类：加工时间，转移时间，待工时间，储存时间。

(2) 列出在生产过程中，可能包含不增值作业的步骤。

二、分析计算题

1. 特蕾西公司拥有专门生产飞机部件的机器设备。原成本制度有两类直接成本（直接材料和直接人工）和一类间接成本（制造费用，按直接人工小时进行分配）。20××年，原成本制度下间接成本分配率为每直接人工小时 115 美元。最近，由产品设计人员、生产人员、会计人员组成的小组采用 ABC 法（作业成本法）对其分批成本制度进行了改进。小组决定保留两类直接成本，并用五个间接成本库代替单一间接成本库。这五个成本库代表了生产的五个作业领域，每个都有自己的监督人员和责任约束。相关数据如表 9-3 所示。

表 9-3 有关作业及成本资料

作 业 领 域	用于分配基础的成本动因	成本分配率
材料管理	部件数目	0.40 美元/件
车床加工	班次	0.20 美元/次
铣床加工	机器小时	20.00 美元/h
打磨	部件数目	0.80 美元/件
检验	检验数目	15.00 美元/件

信息收集技术十分先进，可以自动收集五个作业领域作预算时所有必需的信息。最近该公司两个代表性批次在新成本制度下有如下成本项目，如表 9-4 所示。

表 9-4 有关成本项目资料

项　　目	410 号	411 号
每批次直接材料成本（美元）	9 700	59 900
每批次直接人工成本（美元）	750	11 250
每批次直接人工小时/h	25	375
每批次使用部件数目（件）	500	2 000
每批次使用班次（次）	20 000	60 000
每批次使用机器小时/h	150	1 050
每批次的产量（件）	10	200

要求：

（1）计算原成本制度下各批次的单位制造成本。

（2）计算 ABC 法下各批次的单位制造成本。

（3）比较要求（1）、（2）中计算出的 410 号与 411 号的单位成本数字。为什么原成本制度与 ABC 法在估计每批次的批次成本时会有所不同？这些不同对特蕾西公司重要吗？

2. 加利福尼亚食用油公司的会计主管为公司确定了间接成本库和成本动因。具体如表 9-5 所示。

表 9-5 有关作业和成本动因资料

间接成本库	间接成本预算（美元）	成本动因	估计成本动因水平
机器调整	100 000	调整次数	100
材料整理	80 000	桶数	8 000
质量控制	200 000	检验次数	1 000
其他间接成本	100 000	机器小时	10 000
合计	480 000		

3 月，一份 500 桶食用油的订单具有的特征如表 9-6 所示。

表 9-6 一份 500 桶食用油订单的特征

机器调整	6 次
材料整理	500 桶
质量控制	20 次
机器小时	100h

要求：

（1）如果该公司采用以机器小时为基础的单一成本动因系统，分配到 500 桶食用油订单的间接成本总额是多少？

（2）在该单一成本动因系统下，归属于每一桶食用油的间接成本是多少？

（3）如果该公司采用基于全部间接成本的多成本动因系统，分配给 500 桶油的间接成本总额与要求（1）是否有差别？差别是多少？

（4）如果让你选择，你会选择哪一种成本计算系统？为什么？

3. 惠普公司个人计算机办公分厂根据两类不同的成本动因制定两个不同的间接费用分配率。一个是以直接人工为基础，分配有关的生产间接费用。另一个分配率以直接材料成本为基础，分配与采购有关的间接费用。图 9-1 举例说明这种方法。

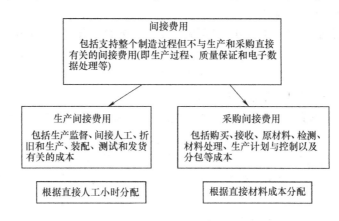

图 9-1　有关间接费用分配图

（1）解释公司为什么使用两个成本动因，而不使用上述两个成本动因中的一个作为间接费用的分配率。

（2）管理当局能从这种方法中获得哪些好处？

（3）你认为该公司的间接费用分配方法还可以改进吗？为什么？

4. 莱蒽公司向其客户提供咨询与税务策划服务，两种服务的收费标准都是 100 美元/h，其收入与成本如下：

收入：税务策划 130 000 美元，咨询 270 000 美元，共计 400 000 美元。成本：秘书服务 80 000 美元，物耗 72 000 美元，计算机成本等 40 000 美元，共计 192 000 美元。

作为一名会计人员，杰克为成本分配记录如下数据，如表 9-7 所示。

表 9-7　有关作业及成本动因的信息

间接成本	成本动因	作业水平	
		税务策划	咨询
秘书服务	客户人数	72	48
物耗	业务次数	200	300
计算机成本	计算时数	1 000	600

要求：

（1）以直接人工小时为成本分配基础编制损益表（税务策划 1 300 h，咨询 2 700 h）。

(2) 用作业成本法和杰克的三个成本动因编制损益表。

(3) 以直接人工小时为成本分配基础和上述以成本动因为成本分配基础,在什么情况下会有相同的结果?

三、简答与讨论题

1. 为什么使用单一的、以数量为基础的成本动因会高估高产量的产品成本?这种成本扭曲有什么重大不良的影响?

2. 说明作业成本的计算程序。

3. 说明作业成本"二维观"的具体内容。

4. 为什么确认作业是增值和非增值对管理人员很重要?

5. 作业改进的方法有哪些?

6. 许多制造商都决定不再为小型零售商服务。例如,有些公司的政策就规定仅为每年购买公司 10 000 美元或价值更多产品的顾客服务。公司提出这项政策的理由是,这么做能够更好地服务于购买大量、多种产品的大客户。

(1) 请说明制造商们放弃小客户决策的理由。

(2) 削减为公司带来利润较少的客户的服务,这其中有没有涉及什么道德问题?

7. 对渴望在世界舞台上变得更有竞争力的公司而言,作业管理(ABM)是值得考虑的。这样的公司之前常常从事其他与作业管理一致且支持作业管理的主动性工作。任何有意义的主动性工作都需要更多的管理。主动性管理通常与更高的效率、有效性、产出的质量或信息有关。

(1) 上文中"其他主动性工作"指的是什么?

(2) 作业管理和作业成本怎样才能帮助公司获得世界性地位?

(3) 如果公司开始进行作业成本法,而不是作业管理,获得最高管理层的支持是否一样重要?请证明你的看法是正确的。

(4) 假设你是一家大型机构最高管理层的一员。你认为是 ABM 还是 ABC 更有价值?解释你的答案的基本原理。

8. 作为一家大公司的主要行政人员,在与生产人员和会计人员讨论之后,你决定实行作业管理。你的目标是降低生产周期时间,从而降低成本。达到这一目标的主要方法就是在你的工厂里引进高度自动化的设备,它将取代工厂约 60% 的劳动力。你的公司是所在地区劳动力的主要雇主。

(1) 从你的股票持有者、雇员和客户的角度来讨论安装新设备的优缺点。

(2) 你怎样向一名工人说明他(或她)的工作是不增值的?

(3) 你还有什么在不破坏当地经济的情况下,实现降低生产周期时间目标的方法?

四、案例分析

案例一 作业成本计算

佩兹利保险公司:作业成本法在服务行业中的应用

佩兹利保险公司(Paisley Insurance Company)主要向居民和商业公司销售各类保险产

品。佩兹利的开单部门（Billing Department，简称BD）为两种主要的客户（居民客户和商业客户）提供账户查询和账单打印的服务。目前，开单部门服务于60 000个居民账户和10 000个商业账户。

现在公司的获利能力受到了两种因素的严重影响。首先，保险业激烈的竞争使得竞争对手降低了保险利润，因此，佩兹利必须寻找方法来降低其经营成本。其次，由于住宅和商用建筑建设的发展，保险业务将在佩兹利主要地理领域内增长。发展住房部门估计，在下一年居民客户的需求将增长20%，而商业客户的需求将增长10%。由于目前开单部门的经营已经利用了全部的生产能力，因此还必须为增加的需求创造更高的生产能力。一个地方性服务社愿意以很低的价格（与目前成本相比）受理开单业务。这个服务社的建议是不管账户是什么类型，每一账户的开单价格都是3.50美元。

表9-8描绘了BD的传统成本制度。我们会注意到所有的与开单相关的成本都是间接的，不能够通过经济上可行的方法追溯到某类客户中去。开单部门使用一种传统的成本核算方法，根据两类客户中每位客户对账户的询问数量来分配支持费用。表9-8表明开单部门在20××年5月所耗用资源的成本是282 670美元，该部门当月收到询问账户业务的数量为11 500次，因此每次询问的成本为24.58（282 670÷11 500）美元。询问总量的78%来自于居民客户，因此居民账户分摊了78%的支持费用，商业账户分摊了22%。居民客户和商业客户每次询问的成本分别为3.69美元和6.15美元。

表9-8 开单部门——传统成本制度

20××年5月　　　　　　　　　　　　　　　　　　　　　单位：美元

间接成本库	
人工：监督员	16 800
人工：账户询问	59 200
人工：开单	33 750
场地占用	23 500
电话费	29 260
计算机	89 000
打印机	27 500
纸张	3 660
间接费用总计	282 670
询问数量	11 500
每次询问的成本	24.58
每一居民账户的成本	9 000×24.58÷60 000＝3.69
每一商业账户的成本	2 500×24.58÷10 000＝6.15

管理部门认为商业账户比较复杂，它对辅助资源的实际耗用量一定要大大高于22%。例如，商业账户的账单平均是50行，而居民账户的账单平均为12行。管理部门还考虑到了一些由客户询问引起，但从客户的角度又不能为佩兹利的服务增加价值的行为，如信函和辅助人员。然而管理人员在做出影响佩兹利获利能力的决策之前，还需要对开单部门的关键作业有一个透彻的了解。公司决定用作业成本法对开单部门进行研究。

开单部门的管理者和佩兹利总部的主要财务人员组成了一个小组进行作业成本研究。ABC工作组的第一项任务就是确定资源、作业和相关的成本动因。通过与适当人员的交谈，工作组确认了以下作业和作业成本动因，如表9-9所示。

表9-9　有关作业和成本动因的信息

作　　业	作业成本动因
账户开单	账单行数
账单检验	账户数量
查询账户	人工小时数量
信函	信件数量

在表9-8中所列示的间接成本库中的所有资源都支持这四项作业。也就是人工、场地占用、电话通信、计算机、打印机和纸张都是支持账户开单、账单检验、查询账户和信息行为的资源。成本动因的选择要遵循以下两个标准：

（1）在动因和资源的消耗或辅助行为的产生之间必须有合理的因果关系。

（2）获得成本动因数据的成本应该适当。

ABC工作组的第二步是画出一张作业流程图，以显示出作业和资源的流程及相互关系。这张作业流程图的确定需要公司主要工作人员的协助。一旦作业和资源之间的联系被确认了，一张提供开单部门经营情况的作业流程图就可以画出来。图9-2就是一张描绘开单部门作业和资源流程的作业流程图。需要注意的是图9-2中并没有标明成本数。工作组把注意力首先集中在经营过程上，在理解了经营业务之间的主要联系后，将在第三步对成本予以考虑。

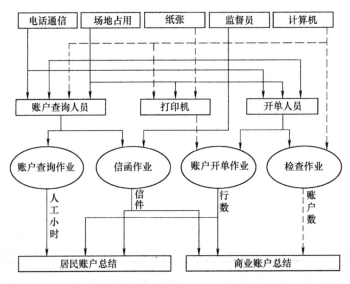

图9-2　佩兹利保险公司开单部门作业和资源流程的作业流程图

图9-2中的居民账户，有三个主要作业支持着这一账户——账户查询、信函和账户开单，这些业务耗用完成这项任务工作人员的时间。从事账户查询业务的人员会依次利用电话通信、计算机、办公空间，并接受监督人员的监督。信函在账户查询中有时是必需的，从事信函业务的人员也会受到监督。账户开单人员需要使用打印机进行开单工作。场地占用的人员需要使用电话通信并接受监督。这些资源的成本将在第三步——收集数据中予以确定。

在第三步，工作组收集了关于成本和成本动因在资源和作业中的实际数量的数据。以作业流程图作为指导，会计人员可以收集到所需的关于成本和经营的数据。这些数据来源于会计记录、专门研究，以及管理者的估计。

公司 20××年 5 月的间接成本可以被划分到以下新的成本库中，如表 9-10 所示。这个月成本动因总数如表 9-11 所示。

表 9-10　有关作业成本的信息
20××年 5 月　　　　　　　　　　　　　　　　　　单位：美元

账户查询	102 666
信函	17 692
账户开单	117 889
账单检验	44 423
合计	282 670

表 9-11　成本动因总数
20××年 5 月

账单行数（行）	1 220 000
商业账户总数（户）	10 000
人工小时总数/h	1 650
信件总数（封）	1 400

每种类型账户耗用的成本动因量如表 9-12 所示。

表 9-12　有关账户耗用的成本动因量
20××年 5 月

居民账户（户）	60 000
人工小时/h	9 00
信件（封）	900
行数（行）	720 000
商业账户（户）	10 000
人工小时/h	750
信件（封）	500
行数（行）	500 000

只有商业账户才需要账单检验。

要求：

(1) 对开单部门的居民账户和商业账户进行作业成本分析。

(2) 计算每一类作业的成本动因率。

(3) 计算每一类客户的单位账户成本。

(4) 解释你得出的结果，并向开单部门管理者建议如何使用这些作业成本数据。

案例二　成本核算系统选择

Sandy Bond 最近从商学院毕业，受雇于 Huron Automotive 公司（以下简称 Huron）。

Huron 的总裁要求 Bond 检查一下公司现有的成本会计核算程序。当向 Bond 介绍这个项目时，总裁对现有系统的三个方面表示了关注：①成本控制的准确性。②产品成本的准确性。③用以评价主管业绩的有效性。

Huron 是一家为大型汽车和卡车公司提供某些汽车部件的小供货商，同已在市场站稳脚跟的较大的供应商在价格上展开竞争。过去，通过将经营重心放在有关的部件上，Huron 已立于不败之地，由于 Huron 生产的这些部件需求数量较少，因此其他大的竞争对手无法利用规模经济。例如，Huron 生产一些只在装载机一类的野外设备上才使用的零部件。

Bond 先从 Huron 的汽化器与燃料推进器部（简称 CFI）着手研究。CFI 占 Huron 公司 40%的销售量，这个部门包括五个生产车间：铸造和铸模车间、研磨车间、制造车间、定做车间和组装车间。铸造和铸模车间生产机箱、阀门和其他一些部件；研磨车间为进一步的制造做些准备，使这些部件的承受性更强；制造车间进行所有标准化产品所必需的制造步骤；而定做车间完成部分制造以及定做产品的其他过程，后者通常是为老式轿车做替代性的汽化器或者其他高度专业化的设备；组装车间组装并测试所有标准化和定制的产品。

可以看出，定制品要通过以上五个车间，而标准化产品只需经过除定做车间以外的其余四个车间。用作存货的零件只需经过最前面的三个车间，标准化产品和定做品都按照订单来生产。

Bond 的调查表明，除了材料成本以外，所有的产品成本计算都是以单一的、全厂通用的直接人工小时的单位成本为基础。这个单位时间成本包括直接人工和工厂的管理成本。首先产品的人工和管理成本的分派是通过人工记账的方式记下他们用于这批产品的时间，然后用单位时间成本乘以这项工作所花费的总时间。表 9-13 显示了 7 月单位时间成本的计算过程。

表 9-13　7 月全厂范围内的直接人工与营业费用的单位时间成本

项　目	金额(美元)	小时数
直接人工：		
铸造/铸模	54 604	2 528
研磨	38 520	2 140
制造	191 876	7 675
定做	81 664	3 712
组装	291 784	15 357
直接人工总计	658 448	31 412
制造费用	1 099 323	
直接人工与制造费用总计	1 757 771	
单位时间成本=$\dfrac{1\ 757\ 771}{31\ 412}$=55.96（美元/h）		
（20.96 美元直接人工+35.00 美元制造费用）		

在 Bond 看来，由于每个车间平均的劳动技能水平不尽相同，所以每个车间应单独计算单位时间成本。用这种方法的话，每个车间应记下每批产品所耗用的时间，然后乘以该车间的单位时间成本，以算出该车间的这批产品所耗用的总的直接人工成本和管理成本，

这样就得出这批产品的成本。

Bond 试图查明采用上述方法对单位产品成本会产生什么样的影响。部门会计告诉 Bond，整个车间的直接人工小时数和工资成本是有据可查的，另外，一些制造费用的项目，如车间主管的薪水和设备折旧，可以直接归到相应的车间去。然而，如果用新的方法，许多其他的制造费用项目，如热力、电力、财产税和保险费就不得不重新分配到每个车间，因此，Bond 给每种共同成本定出了一个合理的分配基础（如，所占空间的立方英尺数作为分配供热成本的基础），然后重新计算了 7 月各个车间的成本，如表 9-14 所示。Bond 接着计算出整个车间的单位时间成本。

表 9-14 设想的车间化的直接人工与制造费用的单位时间成本　　　　单位：美元

车间	直接人工的单位小时成本	制造费用的单位小时成本	单位小时成本总和
铸造/铸模	21.60	31.37	52.97
研磨	18.00	30.14	48.14
制造	25.00	62.52	87.52
定做	22.00	40.48	62.48
组装	19.00	21.19	40.19

为了给总裁显示一些具体的数字，Bond 决定把这种方法应用到 CFI 部门的三项活动中：模型 CS-29 的燃料推进器（CFI 的畅销产品）的生产、用作存货的零件的生产以及 Huron 其他部门的工作。表 9-15 概括了这些活动在每个车间需要的小时数。接着，Bond 用 7 月份的全厂通用分配率和形式上的车间的单位时间成本计算了这三项活动的成本。

表 9-15 CFI 部门活动的直接人工小时　　　　单位：h

车间	CS-29 推进器（批量：100）	储备用零件（每月）	为其他部门提供服务（每月）
铸造/铸模	21	304	674
研磨	12	270	540
制造	58	1 115	2 158
定做	—	—	—
组装	35	—	—
总计	126	1 689	3 372

当看到 Bond 的数字时，总裁注意到，CS-29 推进器的成本在现有方法和设想方法下有很大的差异。总裁猜测，现有的方法因此可能会对每件产品的盈利有错误的干扰。总裁同样注意到了设想方法对零件存货的估价的影响，因此，总裁倾向于采取 Bond 的新方法，但告诉 Bond 在实施任何变革之前，必须咨询车间主管的意见。

Bond 将计划向主管们解释后，遭到了其中一些人的强烈反对，CFI 部门每月为之提供服务的一些外部车间的主管认为，CFI 提高对他们的要价是相当不公平的。其中一人说道：CFI 部门负责我们车间干不完的制造工作，我不能控制在 CFI 的成本之内，如果他们提高收费，我永远也不能达到我们车间的成本预算。他们的收费已经超过本车间现有生产能力情况下的生产成本，可是你们竟然还想提高收费。

CFI 部门的生产经理也提出反对意见：把质量好的产品按时给我们的客户，对我来说已经足够了，我不想被更多的纸上工作缠身，而且我们的车间主管也没有时间做簿记员，我们已经把车间的所有产品成本分配到产品和为其他部门做的工作上去了，为什么我们还要用这么复杂的方法。

公司的销售经理也不赞成这个成本计划，他说：在和行业内其他大公司的竞争中，我们已经够麻烦的了。如果我们开始搞成本系统，接着就得修改产品价格，你在这儿是个新手，所以也许没有意识到我们不得不承担的一些利润少甚至亏本的项目，以便卖得出那些有利可图的产品。对我而言，如果一个产品线能够赚钱，我就不会在乎线内项目成本的不同。

对 Bond 计划的最尖锐的批评来自 Huron 公司的财务计划总监：使用单位时间成本车间化也许是个好主意，但我不认为你在解决主要的问题。我们怎能用这些估计的成本做事呢？而这时你每个月都要改变单位时间成本。当产量上升时，我们所有的产品都赚钱，不管用什么系统，但是，当整体的产量下降时，一些产品表现出亏本，即使它们本身的销售额持平，我搞不清它们是确实亏本还是由于它们无法分担生产能力闲置的成本，我看不出你的系统能解答我的问题。

面对这些争论，Bond 决定在回到总裁那儿之前先做一些计算。首先，Bond 请公司工程部来估计五个生产车间一年当中的正常月产量；其次，Bond 估计了一套新的管理成本，重新计算了单位时间内的管理成本，如表 9-16 所示；最后，在已正常产量化的车间的单位时间成本基础上，Bond 重估了一批批量为 100 的 CS-29 推进器的人工和管理成本，以及某一个月的零件生产和为其他部门提供劳务的成本。

表 9-16 正常产量基础上的车间的制造费用

	正常产量（DLH）	正常制造费用①（美元）	直接人工小时的制造费用（美元）
铸造/铸模	2 500	78 800	31.52
研磨	2 400	69 000	28.75
制造	8 000	492 000	61.50
定做	3 600	147 820	41.06
组装	17 500	352 450	20.14
总计	34 000	1 140 070	33.53

① 估计制造费用是建立在假设每个车间按正常产量运作的基础上。

当 Bond 忙于这些计算时，CFI 部门的生产经理比以前更不安了：

太糟了，现在你仍在纸上谈兵，最重要的是我们无法向别人要回我们的成本，如果我不能把成本分配到产品零部件以及我们为其他部门干的活上，我们怎么处置制造和装配的成本？

当 Bond 向总裁汇报了不同经理的反对意见之后，总裁答道："你告诉我的所有事情，我在过去几天里都已经从几个车间主管打来的电话中知道了，我不想驳斥他们，可是我仍然不满意我们目前的系统，Bond，你认为我们应该怎么做？"

要求：

(1) 总裁对现有成本管理系统的三个关注是什么？

(2) 表 9-13 采用 55.96 美元/h 存在的问题是什么？

(3) Bond 做了哪些工作？

① 表 9-14 中每个车间的直接人工的单位小时成本是如何计算的？

② 表 9-14 中每个车间的制造费用的单位小时成本是如何计算的？

③ 热力、电力、财产税和保险费等是如何在五个车间分配的？

(4) 公司对 Bond 新成本计算方法的反映有哪些？

(5) Bond 对上述反应做了哪些改进？改进后的优点是什么？

(6) 这个案例的核心问题是什么？

(7) 这个案例给你的启发有哪些？

(8) 用资料中的数据确定关于批量为 100 单位的模型 CS-29 一个月的零件成本及一个月对外提供劳务的成本，分别用现有的方法、Bond 的第一个计划和修改过的计划来进行计算。

(9) 这些核算方法之间的差异是什么？这些差异是什么原因引起的？

(10) 假设 Huron 公司购买了一台价值 400 000 美元的新机器，预期寿命为 5 年。这台机器可以减少制造时间，并只有利于生产质量更好的定制汽化器。问这台新机器的购买是否会影响 CFI 部门 CS-29 推进器的成本？为什么？

案例三 成本核算与收费计价

背景

Allied Stationery 产品公司于 1866 年成立于 Denver Colorado，它起初是一个私人经营的企业，生产笔记用纸和卡片，并在贯穿边境的百货商店里出售这些产品。它现在已经发展成一个预计 1992 年的销售额高达 90 000 万美元的公司。

如果创始人 Jethro Givell 还健在，可能不会相信他所看到的。Jethro Givell 是一名从西部迁移到弗吉尼亚的农民，在一次事故中致残而不能再在田地里工作。他开始绘画并且意识到也许能通过出售他设计的有装饰的信纸来挣钱。到 1875 年，在 Givell Notes 的商标下，他的文具开始在整个西部畅销。当 Jethro 于 1902 年去世的时候，他在 Denver 建立的印刷厂销售额已达到 50 000 美元。

Jethro 去世以后，他的儿子和孙子继续秉承他的事业，使 1926 年的销售额达到了 300 万美元，公司也重新命名为 Allied Stationery 产品公司。不久以后，公司开始把业务扩展到不同类型的完工纸产品上，如写作纸、笔记本纸、打印纸和贺卡纸等。

同时，Allied 开始成为工业领域中的一个供应商。除了生产更多的普通纸制品外，它还生产和印刷商用纸制品。到 1986 年，已经成为美国商用纸制品产业里的第六大公司。

也就是在那时，Jethro 的长孙，同时也是 Allied CEO 的 Lionel Givell 决定把公司的业务扩展到综合商用纸制品管理方面，这是他所知道的一些竞争者正在做的事，也是 Allied 能潜在地增加巨大价值的领域，商用纸制品管理服务区别于其他的商用纸制品制造。Allied 开始从事一项活动，以把其公司的客户吸引到一个被称作"总商用纸制品控制"（Total Forms Control，TFC）的项目里，这些客户是 Allied 过去为之制造商用纸制品、信纸题头、计算机用纸的公司。Allied 认为综合商用纸制品（这里的商用纸制品指所有的纸产品，包括普通的或定做设计的）管理是公司未来成功的关键。

公司的产品种类包括所有的商用纸制品，即从普通计算机和传真用纸到在 Allied 商用纸制品设计顾问小组的帮助下定做设计的适合客户特定需要的商用纸制品。

截止到 2020 年，来自于这些加入到 TFC 的客户的销售额估计为 6 000 万美元，Allied 也已经建立了一个单独的分部来处理这些账户。在 TFC 下提供的服务类型包括储存和纸制品的分发（包括存货融资），还有存货的控制和报告，Allied 有一个复杂的计算机联网系统，使其可以管理每一个客户的商用纸制品存货、使用和订购活动。公司把这些信息通过便于理解的、简单的设计，以有利于客户做管理决策的管理报告的形式传递给其客户。

作为公司分发服务的一部分，Allied 也提供"挑选装箱"服务，即由经过培训的经验丰富的工人从各个纸板箱中替客户挑选能满足他们特定需要的商用纸制品。Allied 的哲学是，一个运行良好的储存和分发网络对任何商用纸制品管理项目都是至关重要的："我们知道你需要的……在恰当的地方、恰当的时候和恰当的产品。"

对一小部分客户，Allied 也提供"办公桌上交货"。Allied 的员工会在客户公司内部分发商用纸制品，代替客户做这些事（商用纸制品通常只被送到装卸区，在那里由客户负责合适地调度它们）。一些公司认为"办公桌上交货"对它们来说可使支出更有效率，因为它们并不经常需要这种服务，因此，也不必雇佣一名全职工作人员来执行这项任务。作为一个综合性商用纸制品管理的提供者，Allied 的产品也必须是综合性的。

Allied 还有能力去定制其商用纸制品管理服务，更好地满足客户的需要。Allied 的客户既包括只需要基本存货控制的小企业，也包括那些有综合性商用纸制品管理项目的大企业。很简单，对一个小企业来说，只要求基本的每月存货状况报告就会使其支出更有效率，但大型组织可能会要求诸如低存货通知和历史定购这样的额外报告。

当前的成本会计系统

Allied 把它的制造和分发/销售业务组织成不同的利润中心，转移到销售和分发的产品的转移价格被确定是一个公平市场价值。

Allied 在 13 个分厂制造商用纸制品。尽管公司鼓励对客户的订单使用内部资源，但销售人员有外部选择的权利。因此销售费用平均构成产品或服务成本的 20%。

参加商用纸制品管理项目的客户在 Allied 的 10 个分发中心储存其商用纸制品。当客户需要时，这些商用纸制品会分发给他们，客户每月只需要支付一次储存和分发的服务费。这个费用是建立在当月产品的销售成本基础上的，而不管提供给客户的服务水平如何。这笔费用如下：

- 储存/分发：产品成本的 20.5%
- 存货融资：产品成本的 4.7%
- 向客户销货的运费：产品成本的 7%

因此，如果一个 TFC 客户使用 Allied 提供分发的服务，那么他就可能要支付一个额外的，为产品销售成本 20.5% 的比例，用以弥补所有的储存和分发费用——从储存和请求单处理到包括"办公桌上交货"的一切费用；4.7% 用于弥补资金成本；还有 7% 用于弥补运费。这些百分比是在 2018 年实际财务数据的基础上确定的，它们是在总和的基础上计算得出的，是为了从总体上弥补所有的费用（见表 9-17）。

表 9-17　服务收费的计算（当前的方法）　　　　　　　　单位：千美元

2018 年的产品销售成本	24 059	
2018 年的仓储/分发费用	4 932	
占产品成本的百分比（%）		20.5
2018 年的平均存货余额	10 873	
2018 年的平均资本成本		10.4
存货融资总成本	1 131	
占产品成本的百分比（%）		4.7
2018 年的销货运费总额	1 684	
占产品成本的百分比（%）		7.0

了解客户获利性

随着 TFC 的盈利性在 2020 年 10 月受到打击，总经理 John Malone 开始质疑这些分发费用的适用性。

商用纸制品业务分部过去的投资回报率（ROI）是 20%，但从那以后，收益一直在下降。TFC 被设计为在 2020 年能产生一个 6% 的 ROI。一些事实表明我们没有很好地经营这项业务。我觉得需要对收取的服务费进行更严密的调查。我认为这项费用应当与产品成本没有关系。难道我们不能只向客户收取他们使用服务的费用吗？这看起来并不公平，如果两个客户从我们这里购买相同数量的产品，但是其中一个在我们的分发中心有大批存货并经常要求小批运送，而另一个根本不来打扰我们，但他们却支付相同的服务费用。

John 仔细察看了他的记录，发现了两个大小相似的账户——账户 A 和账户 B，它们是由不同的销售人员处理的。账户 A 和账户 B 在产品销售成本为 50 000 美元的基础上都有 79 320 美元的年销售额。在当前的系统下，这些账户带来了相同的服务费用。但是 John 注意到这些账户仅在被销售产品的价值方面相似，而在向 Allied 要求的服务水平上来看，它们是非常不同的。

去年，客户 A 提交了 364 个产品请求单，总计 910 个要求：（全部是"挑选装箱"）；而客户 B 提交了 790 个产品请求单，总计 2 500 个要求（全部是"挑选装箱"），是客户 A 的两倍以上。不仅如此，客户 A 在分发中心只平均储存了 350 箱存货，而客户 B 平均储存了 700 箱。客户 B 每一箱的存货价值都比客户 A 的要高。客户 B 平均每月的存货余额为 50 000 美元（其中的 7 000 美元整年不动），而客户 A 的则只有 15 000 美元。由于在客户 B 的账户上有较多的业务，所以一周要运送三次，年运输费用为 7 500 美元，而客户 A 每周只需运送一次，年运输费用为 2 250 美元。另外，在过去的一年里，客户 B 要求"办公桌上交货" 26 次，而客户 A 没有要求这项服务。John Malone 再次检查了他的记录，确信这两个客户确实因为分发服务而被收取了相同的费用（见表 9-18）。

表 9-18　实际发生的服务费（当前方法）　　　　　　　　单位：美元

	客户 A	客户 B
产品成本	50 000	50 000
仓储/分发（20.5%）	10 250	10 250
存货融资（4.7%）	2 350	2 350
销货运费（7%）	3 500	3 500
总服务费	16 100	16 100
加价（20%）	13 220	13 220
销售净额	79 320	79 320

由于公司不景气，John Malone 向分部控制人 Melissa Dunhill 和经营主管 Tim Cuningham 寻求帮助。首先，他们给 John 提供了以下的信息（见表 9-19）。

表 9-19　分发中心预计发生的总费用
2020 年　　　　　　　　　　　　　　　　单位：千美元

房租	1 424
折旧	208
公用事业	187
应付薪金	745
附加福利（与薪金相关的）	164
电话	96
社会保障费	3
税金/保险	104
差旅/招待费	40
邮费	56
小时薪金（管理人员）	59
福利（管理人员）	57
临时人员费用	17
变动仓储薪金	1 399
仓储福利	336
数据处理	612
合计	5 707

John 说：" 这看上去像是好信息，但是我怎样用它来解决我们的问题呢？" Tim 说：" 好了，如果我们不过分地追求过程而计算出确切地进入分发中心的费用是什么，也许我们能使用这些财务数据并将其分摊给分发中心进行的各项业务。如果我们能做到这一点，我们就会对服务客户的成本有更好的了解。" Tim 知道分发中心主要有两种业务——商用纸制品储存和应客户请求单的要求分发商用纸制品，但他认为应当与其中的工作人员进行交谈，以获得更明确的信息。

分发中心：业务分析

John 和 Tim 访问了位于堪萨斯城的分发中心。该中心经理 Wibur Smith 承认：
我们所有的工作就是储存一箱一箱的货物和处理客户的请求单。我们所需要的仓库面积取决于纸板箱的数量。如果我们能签一些有弹性的租约项目，那么倘若储存的纸箱数量有变动，就可以调整我们的空间。另一件真正困扰我的事，是有一些存货一直在这里存放，似乎还要永远存放下去。难道我们不能采用一种方法让客户把这些存货从这里取走吗？就经营管理来说，每件事都取决于这里请求单的数量，但是客户可以在一张给定的请求单上提出他们的许多不同的要求。

然后，小组去会见仓库管理员 Rich Fosmire，他是这么看待这个问题的：

我并不关心，拿到的是有一个要求的 100 张请求单，还是一张有 100 个要求的请求单，因为为这些该死的"挑选装箱"的要求，我的人员不得不从货架上挑选 100 次。现在几乎每件事都是"挑选装箱"，似乎没有一个人再要求一整箱的存货。你知道这需要多少劳动来从事这些挑选吗？更有甚者，这种"办公桌上交货"对我的人员来说也是痛苦的。当然，我们提供服务，但是你应该判断使用这样服务的客户是否应当额外付费。这不会使我的人员没有足够的事情去做。

John 和 Tim 开始对分发中心的事情有了相当的了解。但是还有一种人没有被采访到，他们知道在数据处理上花费了不少钱，且大部分是人工成本，他们需要了解这些人员是如何支配他们时间的。

Hazel Nutley 在过去 17 年里一直是 Allied 的一个数据录入员，他说："我所做的一切在这些一个要求接着一个要求的请求单里是关键。我现在已经达到了非常熟练的程度，因为我是如此地了解这些客户，所有的要求信息对我来说都是简单的。唯一真正重要的是他们让我输入了多少项目。"

对分发中心发生的事情进行充分的了解后，John 和 Tim 返回了 Denver。根据所观察到的，他们把分发中心分解成六个主要的盈利性业务——储存、请求单处理、基本仓库存货挑选、"挑选装箱"业务、数据录入和"办公桌上交货"，在 Melissa 的帮助下，他们采用了原财务计划并将费用分摊给如下的业务（见表 9-20 和表 9-21）。

表 9-20　费用在业务上的划分（一）　　　　　　　　　　　单位：千美元

储存	1 549
请求单处理	1 801
基本仓库存货挑选	768
"挑选箱"业务	733
数据录入	612
"办公桌上交货"	244
合计	5 707

表 9-21　费用在业务上的划分（二）　　　　　　　　　　　单位：千美元

	总费用	费用额
房租	1 424×85%	1 210
折旧	208×85%	177
公用事业	187×85%	159
社会保障	3	3
总储存费用		1 549

(续)

	总 费 用	费 用 额
房租	1 424×15%	214
折旧	208×15%	31
公用事业	187×15%	28
薪金+福利	909	909
电话	96	96
税金/保险	104	104
差旅/招待费	40×75%	30
邮费	56	56
小时薪金+福利	316	316
临时人员费用	17	17
总请求单处理费用		1 801
变动仓储薪金+福利	1 735	1 735
差旅和招待费（25%）	40×25%	10
总仓库业务		1 745
基本仓库存货挑选（44%）		768
"挑选装箱"业务（42%）		733
"办公桌上交货"（14%）		244
总仓库业务		1 745
数据处理费用	612	612

注：一些费用项目在业务之间进行了分配。

然后，Tim 以历史信息和下一年的期望值为基础估计了 2020 年的以下数据。

● 他认为，平均而言，分布在国内的 10 个分发中心总计大约有 350 000 纸板箱的存货（大部分的纸板箱是标准尺寸大小的）。

● TFC 在 2020 年预计将处理约 310 000 个产品请求单。

● 每一个请求单上平均有 2.5 个要求，这些要求被称为"整箱要求"。

● 大约 90% 的纸板箱要求是针对"挑选装箱"业务的（与运送整箱相反）。

虽然这将补偿分发中心的大部分费用，但是他们仍然不满意存货融资和运费的定价方法。John 检查了融资部门的账目，得知 Allied 是在基本利率的基础上上调一个百分点作为收取融资费的依据。John 指出他们只能这么做。

"等一下，"Melissa 说，"你也许可以每六个月或每年调整一次要价。如果我们的利率发生了变化，最好还是要保护好我们自己。我们为什么不把利率制定为在基本利率基础上再加 3.5% 呢？"

"想得好。"

"我想新的计算机系统很快就要启用了，新系统将追踪计算每个客户的运费。"Tim 说，"所以，我们能反过来向客户收取为他们提供运输的费用。"他俩都同意这一点，认为它听起来很公平。

在分发中心谈到的一些事，仍然留在 Tim 的记忆里。"你难道不认为我们应该去做些什么来使那些旧存货流动起来吗？我们对此收取一个额外的费用怎么样，比如说每个月对存入期在 9 个月以上的存货，索取一个 1.5% 的费用。"

"这个主意太好了,"Melissa 说,"当客户不再变动他们的商用纸制品时,这么做就有助于我们不必承担有时发生在旧商用纸制品上的损失。但你知道我们刚才食言了,因为我们说过从不向客户收取这样的费用。"

然后,他们又几乎同时想到:"'办公桌上送货'又怎么办呢?"Tim 说,"我认为我们应当也向这种服务收取额外的费用,但我不想使它变得太复杂。"

John 说:"让你的人员在客户公司里跑一圈平均要多花多长时间?"

"大约一个半小时到两个小时的样子。"

"好了,每小时 15 美元,也就是说每一次大约 30 美元,听上去还行吗?"

"我觉得可以。"

"我也是。"

"再等一下,"Mellissa 说,"还有一些事情我不是很了解,我们能够给我们的客户提供大量的信息服务,但是有一些客户需要的信息量很少,而另外的客户却想要复杂的报告,我们还没有讨论如何区分这种服务的费用呢!"

"这点很好,"John 回答道,"但是你要知道对我们来说,制作这些报告并不会使我们花费很多,而且我们需要提供一些这样的服务,作为竞争工具来争取客户。让我说,我们仍将免费向客户提供月存货数据报告,并对那些想要更复杂报告的客户每月收取 15 美元的费用。"

"我想这是合理的。"Mellissa 说。

整个管理小组,包括商用纸制品分部的财务总监 Doug Kingsley,都认为必须采用一个更好地对各项分发服务收费的方法,也认为这个解决方法将有助于提高 TFC 的盈利性。他们现在对包含在分发服务中的成本动因有了更多更好的了解。因为他们四个人要从 Doug's Sedan de Viue 出发去参加在 Broncos 召开的首次总公司会议,所以他们尽力思考如何运用这些信息来得到一个可行的解决方案。

要求:

(1) 说明 Allied Stationery 公司当前成本会计系统的主要特征。
(2) 表 9-17 中 1 131 美元和 4.7%是如何计算的?
(3) 表 9-18 计算的 A、B 两个客户的服务成本是否恰当?为什么?
(4) 分发中心主要有哪些业务(表 9-20)?
(5) 分发中心各项业务的成本是如何归集的(表 9-21)?
(6) 各项作业的成本动因和成本动因量是如何确定的?分别是什么?各为多少?
(7) 在新的成本系统下 A、B 两个客户将被各收取多少服务费?
(8) 本案例给了你哪些启发?

案例四 成本计算与客户盈利能力分析

对 John Malone 来说,这看上去并不像是一个平稳的过渡。"让销售人员遵照我们新的作业定价方案来工作是不容易的",他说,"一些销售人员固守着他们原来的销售方式,不喜欢有所变化。还有,新方法把他们应该向客户收取的费用搞得乱七八糟。如果他们正在向客户收取某一项费用,那么出于在以定价为基础的服务(SBP)项目下增加分发费用的原因,他们就会看到这些费用增加了。这些销售人员不会很高兴。但另一方面,一些销售人员可能看到他们的毛利增加了。"这些问题看起来就像是冰山的尖峰。

Doug Kingsley 和本公司的许多高级经理仍然对 TFC 的盈利能力很忧虑,虽然每个人都认为 TFC 在了解成本动因方面的进步很大,但他们不能确信在没有对市场战略作重大改变的情况下,总盈利能力会提高。他们仍然不知道该如何运用新的作业成本计算分析来提高 TFC 的盈利能力。所以,他们决定在消费者的基础上再做一些分析。

会计部门保存的数据库显示了不同账户的所有业务,并且对每个账户计算一个贡献额,但是,会计部门并不能有效地运用这些信息。TFC 的管理部门调用了这些数据,并开始进行分析。

尽管 TFC 保持了 1 100 个单独的账户,但是大部分业务只来自很少的几个账户,这就是普遍了解的"80/20 规律"。更明确地说,就是 40 个账户却代表了 48% 的分发净销售(见表 9-22)。

表 9-22 TFC 销售净额(2019 年)

年销售额/账户	账户数目	占 TFC 销售净额的百分比(%)
>300 000 美元	40	48
>150 000 美元	53	19
>75 000 美元	86	15
>30 000 美元	143	11
>0	778	7
合计	1 100	100

问题仍然是,使一些账户盈利而使另一些账户不盈利的原因到底是什么,以及如何应用新的方案来提高盈利能力。作为一个了解客户获利能力的方法,TFC 的管理部门对数据库的信息进行了再加工,以使基于新方案产生的管理费能登记在这些账户里,但保持销售净额和产品成本同以前一样。他们以这些加工后的数据为基础,重新计算了贡献额,并按这些账户的利润贡献额进行了排序。表 9-23 显示了排在前面的 20 个业务账户,表 9-24 则显示了后 20 个业务账户。

表 9-23 2020 年 8 月排名前 20 位(以贡献额排序)的 TFC 账户
(使用分发服务)——新方法(SBP)

单位:美元

序 号	实际销售净额	产品成本	SBP 服务费	贡 献 额
1	76 904	49 620	2 862	24 422
2	130 582	74 396	34 578	21 608
3	72 956	48 216	3 456	21 284
4	64 903	37 981	6 574	20 348
5	45 088	26 098	1 309	17 681
6	104 689	62 340	25 356	16 993
7	52 890	32 083	4 386	16 421
8	38 902	23 087	1 245	14 570
9	87 130	54 923	17 685	14 522
10	67 935	42 012	12 290	13 633

(续)

序　号	实际销售净额	产品成本	SBP 服务费	贡　献　额
11	58 290	32 074	12 834	13 382
12	84 589	54 023	17 528	13 038
13	36 587	22 657	1 345	12 585
14	47 890	32 545	3 657	11 688
15	56 294	27 801	16 923	11 570
16	61 056	38 924	11 034	11 098
17	56 902	32 789	13 904	10 209
18	45 893	29 570	6 904	9 419
19	62 954	41 034	137 496	8 174
20	26 699	16 830	2 236	7 633
合计	1 279 133	779 003	209 852	290 278

表 9-24　2020 年 8 月排名后 20 位（以贡献额排序）的 TFC 账户
（使用分发服务）——新方法（SBP）

单位：美元

序　号	实际销售净额	产品成本	SBP 服务费	贡　献　额
1 081	3 657	2 356	2 325	-1 024
1 082	38 467	26 301	13 740	-1 574
1 083	5 926	3 840	4 214	-2 128
1 084	163	89	2 390	-2 316
1 085	3 256	2 006	3 590	-2 340
1 086	82 086	61 224	23 756	-2 894
1 087	29 320	20 647	11 843	-3 170
1 088	467	302	4 086	-3 921
1 089	17 935	11 087	10 872	-4 024
1 090	17 649	12 903	8 903	-4 157
1 091	638	420	5 109	-4 891
1 092	16 104	9 102	12 134	-5 132
1 093	289	178	5 698	-5 587
1 094	23 965	17 345	16 523	-9 903
1 095	38 065	23 391	27 623	-12 949
1 096	32 898	23 054	22 985	-13 141
1 097	129 367	73 128	69 527	-13 288
1 098	74 569	50 745	45 698	-21 874
1 099	88 345	64 930	53 867	-30 452
1 100	113 976	82 987	72 589	-41 600
合计	717 142	486 035	417 472	-186 365

通过采用进一步分析的方法，TFC 的管理部门用新的服务费系统重新计算了 2019 年的利润。按新收费系统对 2019 年客户获利能力的分析显示在图 9-3 中。

除此之外，这种分析还从机会方面来检查账户，这种机会是为使业绩差的账户的贡献

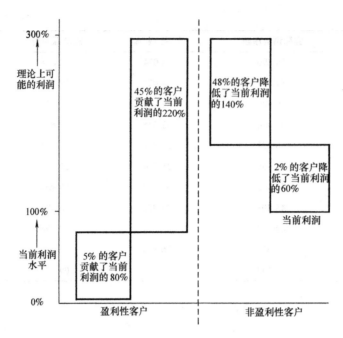

图 9-3 Allied Stationery 产品公司计算 2019 年的顾客获利能力
（使用新的收费系统重新计算）

额达到一个可认可的水平而存在的。如他们认为一个 20% 的总毛利对产生一份满意的业务回报是必要的，因此，20% 被认为是一个可接受的使账户最终获利的账户贡献率。

他们检查了所有获利率低于 20% 的账户，然后确定如果使这些账户达到 20% 的获利率，那么每年的利润将提高 4 300 万美元。位于前列的 40 个账户（在被提高到 20% 的获利率的情况下，按获利机会排序）占了 4 300 万美元机会中的 70%。这是检查账户管理的一个新方法，它把数量和贡献毛利的影响结合在一起，既然有这么大的一部分机会存在于这些极少数的账户里，管理部门认为通过集中个人账户管理的方法来大幅度提高盈利能力是可能的。虽然这种方法被看成是一个重要的切入点，但是这个计划是策略性的和反抗性的，他们相信这种"反抗"并非是适合于所有经营成功企业的方法。他们知道其目前正处于提高账户获利能力的前沿，而且想知道下一步该做什么，以及还有什么问题可能比提高 TFC 的整体盈利能力更重要。

要求：

（1）表 9-22 是 TFC 公司销售客户的百分比情况，这个表说明什么问题？

（2）说明表 9-23 和表 9-24 销售额相近的两个客户的盈利能力有何区别？

（3）图 9-3 说明了什么？盈利客户和非盈利客户的比例及对公司的贡献？

（4）公司对非盈利客户将采取什么措施？这种措施的采用将对公司的盈利有什么影响？

（5）阅读本案例后，你有何感想？

（6）公司在管理客户账户方面应该采取哪些方法？

第九章 作业成本计算与作业成本管理

练习题参考答案

一、分析判断选择题

1~7（略）

8. (1) 加工时间：(3)、(5)、(6)、(7)、(8)、(9)、(10)
   转移时间：(2)
   待工时间：(4)
   储存时间：(1)、(11)

   (2) 包含不增值作业的步骤有：(1)、(2)、(3)、(4)、(5)、(6)、(7)、(8)、(9)、(10)、(11)

二、分析计算题

1.
(1) 原成本制度下：
#410 = 9 700+750+25×115 = 13 325，单位成本 = 1 332.5（元）
#411 = 59 900+11 250+375×115 = 114 275，单位成本 = 571.375（元）
(2) ABC 法下：
#410 的总成本为 18 200 元，单位成本 1 820 元。
#411 的总成本为 109 550 元，单位成本 547.75 元。

2.
(1) 机器小时分配率 4 美元/h，500 桶分摊的间接费用 4 800 美元。
(2) 每一桶油的间接成本 = 4 800÷500 = 9.6（美元）
(3) 多成本动因下 500 桶应分摊的间接成本为 16 000 美元，与单一成本动因的差别为 11 200 美元。

3.（略）

4. 损益表（答案），如表 9-25 所示。

表 9-25 损益表（答案）　　　　　　　　　　　　　　单位：美元

项目	以直接人工小时为成本基础		
	税务策划	咨询	合计
收入	130 000	270 000	400 000
费用			
秘书服务	26 000	54 000	80 000
物耗	23 400	48 600	72 000
计算机成本等	13 000	27 000	40 000
合计	62 400	129 600	192 000
利润	67 600	140 400	208 000

(续)

项 目	以三个成本动因为基础		
	税务策划	咨 询	合 计
收入	130 000	270 000	400 000
费用			
秘书服务	48 000	32 000	80 000
物耗	28 800	43 200	72 000
计算机成本等	25 000	15 000	40 000
费用合计	101 800	90 200	192 000
利润	28 200	179 800	208 000

三、简答与讨论题（略）

四、案例分析

案例一

提示1：

每一类作业的成本及成本动因率（答案），如表9-26所示。

表9-26 每一类作业的成本及成本动因率（答案）

作 业	作业成本（美元）	作业动因	作业动因量	作业成本动因率
账户查询	102 666	人工小时数	1 650/h	62.221 8 美元/h
信函	17 692	信件数量	1 400/件	12.637 1 美元/h
账户开单	117 889	账单行数	1 220 000/行	0.096 6 美元/行
账单检验	44 423	商业账户数	10 000/户	4.442 3 美元/户

提示2：

每一类客户成本计算表（答案），如表9-27所示。

表9-27 每一类客户成本计算表（答案） 　　　金额单位：美元

作 业	作业成本动因率	居民账户		商业账户	
		作业量	成本	作业量	成本
账户查询/h	62.221 8	900	55 999.64	750	46 666.36
信函/件	12.637 1	900	11 373.43	500	6 318.57
账户开单/行	0.096 6	720 000	69 573.84	500 000	48 315.16
账单检验/户	4.442 3	—	—	10 000	44 423
产品成本合计			136 946.91		145 723.09
各类账户数			60 000.00		10 000.00
单位客户成本			2.282 4		14.572 3

案例二
提示1:

三种方法下的制造费用分配率(答案),如表9-28所示。

表9-28 三种方法下的制造费用分配率(答案) 单位:美元/h

车 间	现有方法	第一个计划方法	修改过的方法
铸造/铸模	35.00	31.37	31.52
研磨	35.00	30.14	28.75
制造	35.00	62.52	61.50
定做	35.00	40.48	41.06
组装	35.00	21.19	20.14

提示2:

成本对比表(答案),如表9-29所示。

表9-29 成本对比表(答案) 单位:美元

车 间	现有方法	第一个计划方法	修改过的方法
CS-29(100件)	7 050.96	8 172.86	8 064.47
CFI对外提供劳务	188 697.12	250 565.61	247 714.95

提示3:

新机器的购买对CS-29型推进器的成本没有影响。

案例三
提示1:

有关作业及作业成本的信息(答案),如表9-30所示。

表9-30 有关作业及作业成本的信息(答案)

序 号	作 业	作业费用(美元)	作 业 量	作业成本
1	总存储费	1 550 000	350 000/箱	4.43美元/箱
2	请求单处理	1 801 000	775 000/个	2.32美元/个
3	基本仓库存货挑选	761 000	350 000/箱	2.17美元/箱
4	挑选装箱	734 000	315 000/箱	2.33美元/箱
5	数据录入	612 000	775 000/个	0.79美元/个
6	办公桌交货	250 000		30美元/h
7	存货融资成本率			13.90%
8	存期9个月以上的			1.50%
9	存货数据报告(复杂客户)	5 708 000		15美元/客户

提示2：

A、B 两个客户的成本计算（答案），如表9-31所示。

表9-31　A、B 两个客户的成本计算（答案）

序号	作业	客户的基本特征		客户的成本计算	
		A 客户	B 客户	A 客户（美元）	B 客户（美元）
1	存储箱数	350 箱	700 箱	1 550.00	3 100.00
2	请求单处理	910 个	2 500 个	2 114.72	5 809.68
3	基本仓库存货挑选	350 箱	700 箱	761.00	1 522.00
4	挑选装箱	910 箱	2 500 箱	2 120.44	5 825.40
5	数据录入	910 箱	2 500 箱	718.61	1 974.19
6	办公桌上交货	—	26 小时	—	780.00
7	存储资金余额	15 000 美元	50 000 美元	2 085.00	6 950.00
8	其中：9 个月以上	—	7 000 美元	—	1 260.00
9	运费	2 250 美元	7 500 美元	2 250.00	7 500.00
10	存货数据报告（复杂客户）	—	—	—	180.00
	合计			11 599.77	34 901.27

案例四（略）

第十章
生命周期成本、目标成本与约束理论

学习目的与要求

本章主要阐述生命周期成本、目标成本与约束理论的基本原理。

学习本章，要掌握全生命周期成本管理的内容和意义，理解目标成本管理的含义和目标成本管理的关键原则，掌握目标成本管理的程序和计算方法，明确扩展企业在目标成本管理中的作用，熟悉生产阶段目标成本控制的程序和方法，理解约束理论的基本思想和方法。

学习重点与难点

一、全生命周期成本管理

一种产品从最初的设计到最终退出市场的全部过程，称为产品的"全生命周期"。它包括三大部分，即设计阶段、生产阶段、服务与退出市场阶段。全生命周期成本计算主要用于设计阶段，用以估算产品生命周期中所发生的全部成本。目标成本计算也主要用于设计阶段，但主要是指导产品选择、工序设计和改进。约束理论主要将注意力集中在生产阶段，确认生产阶段改进成本的可能性，也称为改进成本计算。

二、全生命周期成本的划分

产品的整个生命周期可以分为与生产者和与消费者相关的两个阶段，因此可以把产品的全生命周期成本分为两大部分，即"生产者成本"与"消费者成本"。它们之间的关系是"产品的全生命周期成本＝生产者成本＋消费者成本"。生产者成本是从生产者的角度来看的，主要包括产品从研发、设计、生产、营销直到产品售后服务的整个过程的成本，主要是为产品的定位和定价服务。消费者成本是从社会的角度来看的，主要包括消费者购买后的使用成本和报废处理成本。

三、目标成本管理

1. 目标成本管理的基本思想

目标成本管理是一种以市场营销和市场竞争为基础的定价方法。它以具有竞争性的市场价格和目标利润倒推出产品的目标成本，体现了市场导向。"目标利润"则是企业持续发展目标的体现，因此，目标成本管理是将企业经营战略与市场竞争有机结合起来的全面成本管理系统。一个被普遍认同的看法是，产品成本的80%是约束性成本，并且在产品设计阶段就已经被确定或锁入，目标成本管理就是控制发生在产品设计及工序设计阶段的成本，是成本的事前控制。目标成本管理过程是关于利润规划与成本管理的战略体系，下面的六条关键原则构成了目标成本管理的概念框架，分别是价格引导的成本管理、关注客户、关注产品与流程设计、跨职能合作、生命周期成本削减和价值链参与。

2. 目标成本管理的程序

目标成本管理的程序主要包括目标成本的设定、目标成本的分解和目标成本的达成三个步骤。目标成本的设定主要有扣除法、加算法和综合法。目标成本的分解主要有按产品的功能分解、按产品的构造分解、按成本要素分解、按研发人员分解、按价值链分解、按产品生命周期分解和会计视角的成本类型分解（即一次性成本和重复性成本、新成本和遗留成本、设计驱动成本和作业驱动成本）七种方法，主教材中的表 10-1 提供了一个样本清单，从生命周期视角、价值链视角以及会计视角列出了一些目标成本的主要成本要素。目标成本的达成主要采用价值工程方法，辅之以权衡法、设计评价法和成本保留法等。

主教材中的图 10-6 和图 10-7 较好地体现了目标成本管理的基本思想和程序。

四、约束理论

1. 约束理论的基本思想

目标成本管理主要侧重于生产过程之前的产品设计与工序设计阶段，而约束理论主要侧重于产品的生产过程。该理论的基本思想是减少生产过程的约束或瓶颈，最大程度地提高企业的产出效益。

2. 约束理论的分析步骤

约束理论分析的目的是辨认和去除约束性限制以使产出的速度更快，原材料的产出效益更高。约束理论分析的步骤包括：①辨别限制性约束。②决定充分利用限制性约束。③通过限制性约束来控制生产流程。④提高约束条件下的效率。⑤重新设计制造过程以实现柔性化和牢固的产出效益。

五、扩展企业中的目标成本管理

1. 扩展企业

目标成本管理的有效实施，必须依赖整个价值链的合作。产品从研发到生产、配送、售后服务和处置的各个步骤，都由价值链上的不同企业完成，这些企业被称为扩展企业。主教材中的图 10-9 揭示了典型的扩展企业包括供应商、分销商、客户、服务与支持提供商和回收商。

2. 目标成本管理中扩展企业的作用

目标成本管理是产品生命周期和整个价值链的成本削减过程，需要企业价值链上的扩展企业共同完成，扩展企业在目标成本管理中的重要作用包括：①提供更好的顾客需求信息。②提高产品技术。③在产品概念形成阶段的早期提供相关信息。④消除非增值性作业。⑤消除不必要的产品性能与部件。⑥评估可供选择的材料。⑦追求标准化。⑧提高产品可靠性与耐久性。⑨减少文书工作。

六、生产阶段目标成本控制

生产阶段的目标成本控制主要包括预测目标总成本、目标成本的可行性分析和目标成本的分解与落实三个过程。

预测目标总成本是在确定目标利润的基础上进行的。目标利润的预计主要有三种方

法，分别是

(1) 目标利润=预计销售收入×同类企业平均利润率

(2) 目标利润=总资产×同类企业平均资产利润率

(3) 目标利润=上年利润×利润增长率

目标总成本=预计销售收入-目标利润-应缴税金

注意，上述公式中所指的同类企业是指同行业中资产规模相近的企业。

预测目标总成本能否实现还需要进行可行性分析，这个过程需要将预测的目标成本与实际测算的成本进行比较，分析二者的差距，并根据企业的实际情况采取成本管理措施，使实际测算成本达到预测的目标成本。

目标成本的分解与落实是目标成本管理的中心环节，它以确定的目标成本为基础，为目标成本控制提供标准。根据不同的管理目的，目标成本的分解主要可以采取以下两种方法：①按管理层次分解，其分解过程如主教材中图 10-10 和图 10-11 所示。②按成本项目分解，如主教材中的表 10-9 所示。

基本名词概念

(1) 产品的全生命周期成本是指产品形成至消亡所经历的从企划、研发、设计、生产到客户使用、报废处理这个循环的总成本。

(2) 价值工程是指以最低的生命周期成本可靠地实现目标产品所需要的功能，使功能与成本相匹配，而进行的一种有组织的综合活动。

练 习 题

一、计算分析题

1. 维明公司生产小型船只的各种部件，包括齿轮和游船的操纵杆。这些部件被罗尔造船公司购买，单价为 510 元/件，每年平均售出 25 000 件。最近，维明公司的主要竞争对手将其相应产品的价格降到 450 元/件。市场竞争很激烈，维明公司意识到必须适应这个新价格，否则就会失去市场份额。财务经理将最近 1 年维明公司生产 25 000 件产品的成本数据计算如表 10-1 所示。

表 10-1 有关成本资料

项　目	实际数量	金额（元）
直接材料		5 500 000
直接人工		1 670 000
间接人工		2 359 000
检验	2 000h	350 000
材料处理	56 000 批次	245 000
机器安装	3 500 次	980 000
返修与返工	500h	65 000
合计		11 169 000

要求：

(1) 计算保持目前市场份额和销售利润率的目标成本。

(2) 目标成本能否达到？怎样才能达到？

2. 某警报系统安装公司有 ICU100 和 ICU900 两种家庭报警系统，这两种系统的特点如表 10-2 所示，成本如表 10-3 所示。

表 10-2　两种报警系统的特点

设 计 规 格	ICU100	ICU900
摄像机（架）	1	3
监视器（个）	1	1
检波器（个）	5	8
强力照明灯（个）	3	7
警报器（个）	1	2
线路/m	700	1 100
安装/h	16	26
安装后售价（元）	810	1 520

表 10-3　两种报警系统的成本数据

项　　目	成　　本
摄像机（元/架）	150
监视器（元/个）	75
检波器（元/个）	15
强力照明灯（元/个）	8
警报器（元/个）	15
线路（元/m）	0.1
安装（元/h）	20

要求：

(1) 计算两种报警系统目前的销售利润率。

(2) 该安装公司的管理层相信必须把 ICU100 的价格降至 750 元，把 ICU900 的价格降至 1 390 元，才能在市场上保持竞争优势。请重新计算在这样的价格水平下两种产品的销售利润率。

(3) 描述两种可以使该公司产品成本减少以使销售利润率回到当初水平的办法。

3. 光明公司生产大型工业工作台，公司市场部通过分析已断定，由于竞争者的进攻性定价，光明公司的销售量会减少。光明公司的台桌售价为 875 元，而竞争者的类似台桌只售 800 元左右。为了公司获得每年 10 000 张台桌的市场份额，该公司确认降低售价到 800 元是必要的。销售 10 000 张台桌的成本数据如表 10-4 所示。

表 10-4　销售 10 000 张台桌的成本数据

项　　目	预算消耗量	实际消耗量	实际成本（元）
直接材料	400 000m²	425 000m²	2 700 000
直接人工	85 000h	100 000h	1 000 000
机器调整	30 000h	30 000h	300 000
机器组装	320 000h	320 000h	4 000 000

要求：
(1) 计算目前每张台桌的成本和利润。
(2) 分析目前每张台桌成本中有多少属于不增值作业的成本。
(3) 如果每张台桌的销售利润率保持不变，计算售价为 800 元时的每张台桌的目标成本。
(4) 你建议光明公司采用什么方法来达到要求（3）所计算的目标成本？

4. 宏达公司是一家生产男、女休闲鞋的英国企业。由于它紧随时尚潮流，近年来在英国市场上保持了强劲的发展势头。同时，宏达公司生产的鞋的质量和舒适度也有很好的口碑。为拓展业务，宏达公司正在考虑将它的鞋打入美国市场，在那儿同类鞋批发价为 90 美元，比在英国差不多高了 16 美元。公司管理层聘请了一个市场顾问，了解美国公民的穿鞋偏好中那些不同于英国市场需求的特征。同时，公司还获得了关于增加这些特征后的大概成本信息，如表 10-5 所示。

表 10-5 有关美国的需求特征信息

美国需求特征	增加成本（美元）	重要性程度（5 为最重要）
材料色彩丰富	4.5	3
轻便	6.75	5
松软且透气	3.00	4
鞋底耐磨	3.00	2

宏达公司的鞋目前平均生产成本为 35 英镑（大约 56 美元），所售每双鞋利润平均为 11.25 英镑（18 美元）。宏达公司希望保持这样的销售利润率水平，然而，公司也认识到美国市场的不同需求特征及其运输和广告费用，将使每双鞋的成本增加约 10 美元。

要求：
(1) 在美国所售鞋子的目标生产成本为多少？
(2) 如果可能的话，在美国市场上出售时，应增加上述何种需求特征？
(3) 认真地评价宏达公司打算开始进军美国市场的决策。

5. 贝尔公司生产名为 X23 汽车的所有部件。生产这些部件包括钻孔、插入和包装三道工序。每道工序都在独立的车间完成，并且具有如下行为特征：
(1) 每小时可为 30 000 个部件钻孔。
(2) 每 5 分钟可为 3 000 个部件插嵌。
(3) 每半小时可为 10 000 个部件包装。

要求：
(1) 计算贝尔公司一周内可生产多少个部件？（假定每周工作 5 天，每天工作 8h）
(2) 哪个工序是强制性约束？

6. 卡特公司生产和销售 A、B、C 三种产品，有关数据如表 10-6 所示。

表 10-6 有关 A、B、C 三种产品的数据

项　目	A 产品	B 产品	C 产品
需求量（件）	120	110	100
售价（元/件）	100	120	105
原材料成本（元/件）	50	60	60
加工时间（min/件）	12	15	7

要求：

(1) 计算每种产品每分钟的人工贡献。

(2) 确定产品的最佳组合。(假定每天可用人工的总时间为 2 200min。)

7. Jack 是贝尔公司的生产经理，他直接对装配车间负责。该装配车间位于四个生产过程中的第二道：

收货——→装配——→热处理——→装船

他刚刚结束了关于约束理论的一个学习班，正打算尽可能地节省时间，并增加他所在车间的流速。Jack 是贝尔公司唯一打算如此做的经理。

要求：

(1) 解释 Jack 行为的可能结果。

(2) 如果是你，打算怎样提高贝尔公司的产出效率？

二、简答与讨论题

1. 什么是全生命周期成本？全生命周期成本管理的意义是什么？
2. 简述目标成本管理的主要思想。
3. 简述目标成本管理的程序。
4. 说明约束理论的目标及主要思想。
5. 简述约束理论的分析步骤。
6. 说明约束理论与作业成本法的区别与联系。

三、案例分析

案 例 一

川尼柯零件公司生产短生命周期（低于两年）的电子产品。开发阶段必须加快，利润率与企业能否找到好的设计方案使生命周期成本保持低水平的能力紧密相关。最近，管理层决定将购后成本（消费者使用成本）作为设计决策的一个重要考虑因素。上个月，一个新产品提交到管理层面前。市场总容量预计是 100 000 件（两年时间内）。建议的销售价格是每件 30 美元，生产和物流的成本估计为每单位 26 美元。以这个价格，市场份额预期是 20%。一看完这些预计数字，卡特就召来了他的总工程师布赖恩和营销经理卡特里娜。下面是他们的谈话：

卡特：布赖恩，你知道，我们认为这种新产品的利润需要达到每件 5 美元。而且，我认为预计的市场份额 20%是不可接受的。总体利润也应该增加。卡特里娜，你有什么建议？

卡特里娜：很简单。降低销售价格到 27 美元，我们可以将市场份额扩大到 35%。不过，为了增加总体利润，我们也需要降低成本。

卡特：你说得很对。不过，记住，我不希望一个低于 5 美元的单位利润。

布赖恩：每件 5 美元利润把投产前成本也考虑在内了吗？你知道我们在开发这个产品时已经花了 20 000 美元。降低成本，会导致开发阶段的更多支出。

卡特：说得很对。我的确希望通过设计实现每件 5 美元的利润，包括考虑投产前成本。我认为购后成本（消费者使用成本）也很重要。使用当前设计，使用、维护和处置我们产品的成本大约是每件1.00美元，与我们的竞争对手大致相同。如果我们设计一种更好的产品，使这种成本降到大约每件0.50美元，我们可能获得大约50%的市场份额。

要求：

（1）计算与最初的20%市场份额相关的成本。

（2）计算销售价格27美元、市场份额35%情况下的目标成本。在这种情况下，需要比第一种设计多降低多少成本？说明川尼柯零件公司为使预计成本降到新目标成本水平可采用的三种通常方法。

（3）计算当前（最初）设计提供的全生命周期利润（包括投产前成本）。

（4）假定设计部门有两种设计：设计A和设计B。两种设计都将生产后成本降到每件21美元。不过，设计A的购后成本（消费者使用成本）是每件1美元，而设计B将购后成本（消费者使用成本）降到每件0.40美元。开发和测试设计A另发生成本15 000美元，而开发和测试设计B另发生成本30 000美元。计算每种设计下的全生命周期利润。你会选择哪一个设计？说明原因。如果你选择的设计另外发生成本50 000美元呢？这会改变你的决定吗？

案 例 二

苏姗是贝尔公司的经理，她要求公司进行一个战略成本降低项目，强调生命周期成本管理是这个项目的主要部分。苏姗相信，通过更多地关注设计和生产之间的关系，可以降低生产成本。设计工程师需要了解是什么导致了生产成本，她指示财务经理为一个新产品建立一个生产成本公式。营销部门预测新产品的销售量是25 000单位。（生命周期估计是18个月。公司期望占有50%的市场份额，并按这个目标给他们的产品定价。）预计单位销售价格是20美元。建立的成本公式如下：

$$Y = 200\,000 + 10X_1$$

式中 X_1——机器小时（预计每生产该产品一个单位用1个机器小时）。

看到这个成本公式后，苏姗立即计算出预计毛利为50 000美元。单位产品带来的毛利为2美元，显著低于单位产品4美元的毛利目标。于是，苏姗给设计部门发了一个备忘录，指示他们进行重新设计，要把生产成本至少降低50 000美元，以达到目标利润。

两天以后，设计部门提出了一种新设计（设计X）。这种设计可以将单位变动成本从每机器小时10美元降到每机器小时8美元。总工程师一看完这个设计，就询问财务经理成本公式的有效性。他建议更仔细地评价新设计对除了机器加工以外的其他作业的影响。基于这种建议，下面对成本公式进行了修正，反映了最近设计（设计X）的成本关系：

$$Y = 140\,000 + 8X_1 + 5\,000X_2 + 2\,000X_3$$

式中 X_1——销售量；

X_2——批数；

X_3——设计变更单数。

基于调度和存货的考虑，产品按批生产，每批生产1 000单位，因此，在产品的生命周期内将需要生产25批。而且，基于过去的经验，这种产品可能会导致大约20个设计变更单。

对产品与它内在作业之间联系的重新认识，导致一种不同的产品设计（设计Y）。这种设计不仅降低单位成本2美元，而且设计变更需求从20个降到10个。而且，还注意到调整作业变化。负责这种产品设计的工程师创造了一种新设计，缩短了调整时间，使变动调整成本从每次调整 5 000 美元降到每次调整 3 000 美元。而且，设计 Y 还使调整作业出现多余的作业能力，通过调整作业能力，可使资源支出降低 40 000 美元，这使得成本公式中的固定成本部分降低了同样的数额。

设计 Y 得到推荐并被接受。当测试设计原型时，该设计又表现出一种优点。根据测试结果可知，每单位售出产品的购后成本（消费者使用成本）从估计的 0.70 美元降到 0.40 美元。利用这个信息，营销部门预计市场份额从 50% 增加到 60%（同时价格没有调低）。

要求：

（1）用财务经理最初的成本公式计算设计 X 的预计单位产品边际利润。根据这个结果，设计 X 达到目标单位利润了吗？用经过修正的成本公式重新计算。说明为什么设计 X 不能达到目标利润。

（2）计算设计 Y 的预期单位利润。评论作业信息对生命周期成本管理的价值。

（3）设计 Y 可以降低购后成本（消费者使用成本）的优点是在测试时发现的。它为贝尔公司带来了什么直接的好处（用货币表示）？在本案例中，降低购后成本（消费者成本）并不是一个明确的设计目标。它应该是吗？还有其他应该予以考虑的设计目标吗？

案 例 三

卡迪电气公司生产一种收录两用机 CE100，该产品有 80 个部件，卡迪每月以 70 元的价格销售 7 000 台。CE100 的生产成本为每单位 45 元，或每月 315 000 元，每月发生的生产成本的情况如表 10-7 所示。

表 10-7　CE100 每月的生产成本　　　　　　　　　　　　单位：元

成 本 项 目	金　　额
直接材料成本	182 000
直接制造人工成本	28 000
机时成本（固定）	31 500
测试成本	35 000
返工成本	14 000
订货成本	3 360
工程成本（固定）	21 140
生产成本合计	315 000

卡迪的管理层确定了作业成本库，每一个作业的成本动因和每种间接成本库对应的成本动因的单位成本如表 10-8 所示。

表 10-8　作业成本相关信息

生产作业	作业描述	成本动因	成本动因成本
机器成本	机器部件	机时生产能力	4.50 元/h
测试成本	对部件和最终产品进行测试（每台 CE100 都进行单独测试）	测试小时	2 元/h

(续)

生产作业	作业描述	成本动因	成本动因成本
返工成本	修正错误，弥补瑕疵	CE100的返工数	20元/台
订货成本	订购部件	订单数量	21元/订单
工程成本	设计并管理产品和流程	工时生产能力	35元/h

从企业经营的长期来看，卡迪的管理层将直接材料成本和间接制造人工成本看做与CE100产量相关的成本。表10-8列示的每种制造费用随成本动因的不同而有所不同。

以下资料说明了目前的设计情况：

（1）每台产品的测试和检查时间为2.5h。
（2）CE100产量的10%需要返工。
（3）卡迪每月向每家部件供应商发出2份订单，每种部件均由不同的供货商提供。
（4）发出1份订单的时间为1小时。

面对竞争压力，卡迪必须将其产品价格降至62元，并相应地把单位成本降低8元。在这一较低价格下，并不会有新增的销售量。然而，若卡迪不降低价格，它将面临销售量的锐减。相应地，生产过程必须把单位成本降低6元。通过提高生产效率，企业可望得到每台收录机1.50元的成本节约，但这仍不能达到最初提出的目标。总工程师提出了一项新的设计方案，可将产品的部件减为50个，并同时降低测试的复杂性。这一新型的收录机定名为"X-CE100"，它将取代CE100。这一新设计将带来如下几方面的影响：

（1）X-CE100的单位直接材料成本将降低2.20元。
（2）单位直接制造人工成本将降低0.50元。
（3）生产一台X-CE100所需的机器时间将减少20%，而机时生产能力不会下降。
（4）测试成本将降低20%。
（5）返工率将降至4%。
（6）工时生产能力保持不变。

（假设X-CE100每一成本动因的单位成本与CE100相同。）

要求：

（1）计算X-CE100的单位生产成本。
（2）这一新设计能达到X-CE100设定的目标成本吗？列出你的计算过程。
（3）本题描述了两种降低成本的方法：①提高生产效率。②修改产品设计。哪种方法对成本的影响较大？为什么？请简要说明。

案 例 四

尽管Pencil公司地处资源丰富的区域，但由于管理和技术落后，同时产品研发能力较弱，其生产的同类铅笔成本比同行领头羊企业整整高了58%~135%，企业效益较差，企业生存遇到危机。Pencil公司想通过开发新产品Fluent的契机重新建立目标成本管理系统。所有新产品的生产和设计必须服从目标成本管理系统的要求。如果一个产品的成本不能满足其目标成本，这一产品将不会被引入生产，即将引进的新型铅笔，Fluent也不例外。

(一) 市场驱动型成本的确定

公司高管人员通过制订5年工作计划来确定本公司拟开发的新产品Fluent长期销售计划和利润水平计划，这些工作计划是指根据实际情况，在现行生产条件下，通过公司的有效经营应达到的目标：新产品生产线必须能赚取15%以上的平均利润，它的销售量在第一年必须达到10万~20万打，以后年度最少要完成20万打的销售量。

Fluent铅笔的零售价格每打预计保持在4.02~5.25元。这是因为据铅笔行业长期的数据统计表明：消费者对于产品15%以内的价格差异并不会在乎。如果Fluent铅笔的零售价格低于4.02元（高档产品零售价格3.5元的115%倍时），它将把已有的高档产品挤出市场。而如今高档产品仍然是现有三种产品中获利能力最强且获利水平最高的。挤出高档产品将使得公司的长期利润计划无法完成，并且从工艺角度来看，较低的价格意味着较低的利润水平，新型产品的研发和制造都必须花费大量的成本，要保持15%的利润率，新产品的价格也不能低于4.02元。现有三种产品的有关资料如表10-9所示。

表10-9 现有产品资料 单位：元

产品相关信息	产品		
	低档	中档	高档
产品的零售价格	2.45	3.00	3.50
产品的批发价格	0.70	0.85	1.00
产品的平均利润率	10%	11.30%	13%
产品的可接受成本	0.67	0.75	0.87

因为新型产品使得消费者能使用剩下的1/3的铅笔头，将5.25元（高档产品价格3.5元的1.5倍）作为新型产品的价格上限比较合适。如果产品价格高于上限价格，那么其销售量将达不到预定的销售量，也不能完成其预定利润量。因为通过市场分析表明：如果产品价格高于上限价格，预计只有10%的潜在消费者会购买新型产品，更多的消费者会选择购买低档的替代产品。经过认真的分析和讨论，Fluent铅笔的目标零售价格定在4.25元/打，销售给大批发厂商的批发价为1.22元/打。

引进新型产品所需的前期投资为75 000元：其中50 000元为研发费用，25 000元为产品投产费用，分摊到未来5年的总产量1 150 000打中，平均每打分摊0.065元。因此为了弥补前期投资要求增加利润率5.3%（0.065/1.22）。根据经验表示：在现存的生产线上50%的前期投资由新产品来承担。所以Fluent铅笔的利润率增加额应为2.65%（5.3%×50%）才能弥补长期投资。也就是说，新型产品必须能产生17.65%（15%+2.65%）的利润率才能满足企业利润要求。但在现有的条件下，这一利润率是不能达到的。

经过多方面的讨论，对现有产品的利润水平15%和新型产品的长期目标利润率17.65%进行折中，把新型产品的目标利润率确定在16%。按照这样的假定，第一年产品的平均利润率为11.9%，接近于企业长期利润率12%。而且在以后年度通过企业持续改善的成本减少可产生较大的利润率，可用于弥补以前年度利润率的不足。所以把新型产品目标利润率确定为16%是比较合理的。

16%的目标利润率意味着可接受成本与目标售价的比率为84%，这样就可确定Fluent

铅笔可接受的成本为 1.025 元（1.22×84%）。Fluent 铅笔只有以这一成本水平生产出来，Pencil 公司才能达到其目标利润。

(二) 产品级目标成本确定

新产品的产品级目标成本是由构建产品的部件和工艺过程决定的。构建产品部件的成本是由生产部件的厂商决定的，新型产品的工艺过程是由产品设计决定的。铅笔一般由五个部分组成：石墨笔芯、木杆、涂料、橡皮擦和镶橡皮擦的金属环。新型铅笔需要一个比较牢固的金属环和一个耐用的橡皮擦，其他的部件与现存的高档铅笔是一样的。现有高档产品的部件成本为每打 0.35 元。根据高档产品的有关资料，对 Fluent 铅笔进行估算，得出其每打部件成本和加工成本如表 10-10 所示。

表 10-10　部件成本和加工成本　　　　　　　　　　　　单位：元

部　件	产品类型	
	新型产品	高档产品
涂料	0.05	0.05
木杆	0.05	0.05
石墨粉	0.06	0.06
金属环	0.20	0.05
橡皮擦	0.24	0.14
合计	0.60	0.35

铅笔的加工过程由七个步骤组成，每打加工成本构成如表 10-11 所示。

表 10-11　加工步骤及成本　　　　　　　　　　　　单位：元

工艺流程	产品类型	
	新型产品	高档产品
制作石墨铅	0.10	0.10
锯削铅笔杆	0.105	0.10
铅笔杆开槽	0.05	0.05
制作毛坯笔	0.10	0.10
涂饰毛坯笔	0.10	0.10
毛坯笔形状修整	0.02	0.02
镶嵌橡皮擦	0.15	0.05
合计	0.625	0.520

新型产品的成本之和如表 10-12 所示。

表 10-12　新型产品成本之和　　　　　　　　　　　　单位：元

成本要素	产品类型	
	新型产品	高档产品
部件成本	0.60	0.35
制造成本	0.625	0.52
合计	1.225	0.870

通过比较发现，使用当前设计和生产技术制造的成本要高于可接受的成本。为了使得产品的成本达到产品的可接受成本，产品成本必须进行0.2元的成本降低。公司采用的降低成本手段如下：采用一种新的涂刷方法，可以节约0.03元，其中的0.01元属于涂料成本的减少，0.02元属于涂工成本的减少；另外，探索用塑料替代金属的可能性，经过工程师们长时间的试验和探索，终于设计出能将橡皮擦镶在笔杆上的塑料环，从而使成本降低0.10元。采用以上两种措施后，Fluent铅笔当前的成本将降为1.095元。

（三）零部件层次目标成本的确定

新型铅笔在涂刷和塑料环方面的改进使每打成本降低了0.13元，但离可接受的目标成本还有0.07元的差距。公司着眼于零部件的供应商，把公司的成本压力传递到供应商上。Pencil公司拟通过开发与供应商的协作关系来降低成本。涂料供应商答应如果新型产品使用的涂料和高档产品的涂料一样，他们愿意降低涂料价格，使得新型铅笔的成本每打降低0.01元。公司通过与干木供应商建立战略伙伴关系，他们愿意以更小的批量、更频繁的次数发货，从而使干木成本每打降低0.01元。公司又通过进一步开发与橡皮擦供应商的关系，并将其作为橡皮擦唯一的供应商，从而使得橡皮擦每打的成本下降0.06元。

至此，Fluent铅笔目标成本达到1.025元，其中零部件成本和加工成本构成如表10-13所示。

表10-13 零部件成本和加工成本　　　　　　　　　单位：元

项目	每打成本
部件：	
涂料	0.04
木杆	0.04
石墨铅	0.06
金属环	0.10
橡皮擦	0.18
小计	0.42
加工成本：	
制作石墨铅	0.10
锯削铅笔杆	0.105
铅笔杆开槽	0.05
制作毛坯笔	0.10
涂饰毛坯笔	0.08
毛坯笔形状修整	0.02
镶嵌橡皮擦	0.15
小计	0.605
合计	1.025

该公司由于采用目标成本法控制Fluent铅笔的成本，产品物美价廉，受到了消费者的青睐，有几个月还出现了脱销，不仅满足了消费者的需要，而且超额实现了目标利润。

讨论：

（1）Pencil 公司在制定新产品的目标价格时考虑了哪些因素？

（2）Pencil 公司在制定新产品的目标利润率时考虑了哪些因素？

（3）说明 Pencil 公司在确定 Fluent 产品级目标成本的过程。

（4）说明 Pencil 公司在确定 Fluent 零部件层次目标成本的过程。

（5）请描述 Pencil 公司 Fluent 产品目标成本的确定及实现过程（涉及计算的用图表表示）。

练习题参考答案

一、计算分析题

1. 目前的销售利润率为 12.4%。

   目标成本 = 450×25 000×（1-12.4%）= 9 855 000（元）

2. （1）两种产品目前的成本为 729 元和 1 361 元，销售利润率为 10% 和 10.46%。

   （2）降价后两种产品的销售利润率分别为 2.8% 和 2.09%。

3. （1）目前每张台桌的成本和利润分别为 800 元和 75 元。

   （2）材料的多耗以及由此引起的人工成本增加属非增值作业的成本。

   （3）销售利润率为 8.57%，目标成本应该为 731.44 元。

4. 目前在英国的销售利润率为 24.32%，以这样的利润率水平在美国销售的目标成本为 68.11 美元。

5. （1）每周最多生产 800 000 件产品。

   （2）强制性工序为包装工序。

6. （1）A、B、C 三种产品每分钟的人工贡献分别为 4.17 元/min、4 元/min、6.43 元/min。

   （2）最佳组合为 C 产品 100 件，A 产品 120 件，B 产品 4 件。

7. （略）

二、简答与讨论题（略）

三、案例分析

案例一

（1）与最初的 20% 市场份额相关的成本 = 26+1+20 000÷100 000 = 27.2（美元）

（2）目标成本 = 27-5 = 22（美元）

（3）全生命周期利润 = 30-27.2 = 2.8（美元）

（4）设计 A 的生命周期利润为 485 000 美元。

设计 B 的生命周期利润为 530 000 美元。

案例二

（1）用财务经理最初的成本计算公式，设计 X 达到了目标单位利润 4 美元。但是，用修正后的成本计算公式就达不到单位目标利润的要求了,原因是机器小时的降低带来了其他作业的发生。

(2) 提示:设计 Y 的成本公式可以写成:

$$Y = 100\,000 + 6X_1 + 3\,000X_2 + 2\,000X_3$$

(3) 生命周期成本降低 $25\,000 \times (0.7 - 0.4) = 7\,500$(美元)。

案例三

X-CE100 的单位生产成本(答案),如表 10-14 所示。

表 10-14　X-CE100 的单位生产成本(答案)　　　　　　单位:元

成本项目	金　额	CE100 单位成本	X-CE100 单位成本	节约成本
直接材料成本	182 000.00	26.00	23.80	2.20
直接制造人工成本	28 000.00	4.00	3.50	0.50
机时成本(固定)	31 500.00	4.50	3.60	0.90=4.50×20%
测试成本	35 000.00	5.00	4.00	1.00=5.00×20%
返工成本	14 000.00	2.00	0.80	1.20=2.00×6%÷10%
订货成本	3 360.00	0.48	0.30	0.18=0.48×30÷80
工程成本(固定)	21 140.00	3.02	3.02	—
生产成本合计	315 000.00	45.00	39.02	5.98

案例四(略)

第十一章

标准成本制度

> **学习目的与要求**
>
> 本章主要介绍了标准成本的内容、制定方法，成本差异的计算方法、形成的原因分析及成本差异的账务处理过程，拓展了标准成本制度在作业成本体系中的应用以及基于 ERP 的标准成本制定及相关分析。
>
> 学习本章，要了解标准成本制度的操作过程；掌握标准成本的制定方法和成本差异的计算分析方法及账务处理，并能结合实例熟练运用；了解作业成本体系中的成本差异分析原理，了解 ERP 中的标准成本的制定及相关分析内容。

学习重点与难点

一、标准成本及其分类

标准成本是以产品设计阶段所选定的最优设计和工艺方案为基础，根据料、工、费的合理耗费，在企业现有生产工艺技术条件下，进行有效经营应该发生的成本。它为衡量成本水平的高低提供了科学尺度，并且为考核各部门的工作业绩提供了重要依据。

标准成本按其制定所依据的生产技术和经营管理水平，分为理想标准成本和正常标准成本。理想标准成本是指在最优的生产条件下，利用现有的规模和设备能够达到的最低成本。正常标准成本是指在效率良好的条件下，根据下期一般应该发生的生产要素消耗量、预计价格和预计生产经营能力利用程度制定出来的标准成本。

标准成本按其适用期又分为现行标准成本和基本标准成本。现行标准成本是指根据其适用期间应该发生的价格、效率和生产经营能力利用程度等预计的标准成本。基本标准成本是指一经制定，只要生产条件无重大变化，就不予变动的一种标准成本。

二、标准成本差异的计算与分析

成本差异是指生产经营过程中发生的实际成本偏离预定的标准成本所形成的差额。如果实际成本超过标准成本，其差异称为不利差异（借差），表示成本的浪费；如果实际成本低于标准成本，其差异称为有利差异（贷差），表示成本的节约。

成本差异分为直接材料成本差异、直接人工成本差异和变动性制造费用差异三个组成部分。由于每个成本项目均以数量和价格相乘求得，所以每一项成本差异均可进一步分为价格差异和数量差异。

成本差异＝实际成本－标准成本
　　　　＝实际数量×实际价格－标准数量×标准价格
　　　　＝实际数量×实际价格－实际数量×标准价格＋实际数量×
　　　　　标准价格－标准数量×标准价格
　　　　＝实际数量×（实际价格－标准价格）＋（实际数量－标准数量）×
　　　　　标准价格
　　　　＝价格差异＋数量差异

（一）直接材料成本差异的计算与分析

直接材料成本差异是指直接材料实际成本与直接材料标准成本之间的差额，包括数量差异和价格差异。

直接材料数量差异＝（实际用量×标准价格）－（标准用量×标准价格）
　　　　　　　　＝（实际用量－标准用量）×标准价格
直接材料价格差异＝（实际用量×实际价格）－（实际用量×标准价格）
　　　　　　　　＝实际用量×（实际价格－标准价格）

直接材料数量差异反映生产制造部门的成本控制业绩。其差异形成的具体原因很多，如操作疏忽造成废品或废料增加、工人用料不精心、工人操作技术进步而节省材料、新工人上岗造成多用料、机器或工具不适用造成用料增加等。

直接材料价格差异一般由采购部门承担主要责任，因为在正常情况下，采购部门可选择价格合理、运输方便、采购费用比较低、质量较好的材料。但材料的实际价格又受许多因素影响，如市场供求的变化引起的价格变化，采购数量的变化，紧急订货引起的订货和运费的增加等影响，这些原因引起的价格差异就不应归属于采购部门，而应对差异形成的原因和责任做进一步的分析。

（二）直接人工成本差异的计算与分析

直接人工成本差异是指直接人工实际成本与直接人工标准成本之间的差额，包括直接人工效率差异（数量差异）和直接人工工资率差异（价格差异）。

直接人工效率差异＝（实际工时×标准工资率）－（标准工时×标准工资率）
　　　　　　　　＝（实际工时－标准工时）×标准工资率
直接人工工资率差异＝（实际工时×实际工资率）－（实际工时×标准工资率）
　　　　　　　　　＝实际工时×（实际工资率－标准工资率）

工资率差异形成的原因，包括直接生产工人升级或降级使用，奖励制度未产生实效，工资率调整而未修改标准工资率，加班和使用临时工，出勤率变化等。它也和材料的价格差异一样，成因复杂且难控制。工资率差异是按"实际工时"计算的，因此不仅包括"纯"工资率差异，而且包括效率差异，即工资率和工时都超过标准而形成的差异。

效率差异形成的原因，包括工作环境不良，使用工人的工种不符要求，工人经验不足，工人劳动情绪不佳，新工人上岗太多，机器或工具选用不当或故障较多，作业计划安排不当，产量太少无法发挥批量节约优势等。它主要是生产部门的责任，但也不是绝对的，如果材料质量不好，也会影响生产效率。

（三）变动性制造费用差异的计算与分析

变动性制造费用差异，是指变动性制造费用实际发生额与变动性制造费用的标准成本之间的差额,包括变动性制造费用效率差异(数量差异)和变动性制造费用支出差异(价格差异)。

$$\begin{matrix} 变动性制造 \\ 费用效率差异 \end{matrix} = \begin{pmatrix} 分配基础 \\ 实际用量 \end{pmatrix} - \begin{pmatrix} 分配基础 \\ 标准用量 \end{pmatrix} \times \begin{matrix} 标准费用 \\ 分配率 \end{matrix}$$

变动性制造费用支出差异=(实际费用分配率-标准费用分配率)×分配基础实际用量

上式中分配基础实际用量即指实际耗用的工时数。

引起变动性制造费用不利差异的原因可能是多方面的,如构成变动性制造费用的各要素价格的上涨,如间接材料价格的上涨,动力费用价格上涨等;或者是间接材料和人工的使用浪费,动力和设备使用的浪费等。变动性制造费用的效率差异是同变动费用的分配基础联系在一起的。所以变动性制造费用分配基础的选择非常重要,通常负责控制分配基础水平的部门应对变动性制造费用的效率差异承担责任。

(四) 固定性制造费用差异分析

固定性制造费用差异是指实际产量下固定性制造费用的实际发生额与实际产量下的预算发生额之间的差异。对于固定性制造费用差异的计算,通常有两种方法,一种是两差异法,另一种是三差异法。

1. 两差异法

两差异法是将固定性制造费用差异分为耗费差异和能量差异。

$$\begin{matrix} 固定性制造 \\ 费用耗费差异 \end{matrix} = \begin{matrix} 固定性制造费用 \\ 的实际发生额 \end{matrix} - \begin{matrix} 固定性制造 \\ 费用的预算额 \end{matrix}$$

$$\begin{matrix} 固定性制造费 \\ 用的能量差异 \end{matrix} = \begin{matrix} 固定性制造费 \\ 用的预算额 \end{matrix} - \begin{matrix} 固定性制造费 \\ 用的标准发生额 \end{matrix}$$

$$= \begin{matrix} 固定性制造费 \\ 用标准分配率 \end{matrix} \times \begin{matrix} 预算产量的 \\ 标准工时 \end{matrix} - \begin{matrix} 固定性制造费 \\ 用标准分配率 \end{matrix} \times \begin{matrix} 实际产量的 \\ 标准工时 \end{matrix}$$

$$= \begin{pmatrix} 预算标 \\ 准工时 \end{pmatrix} - \begin{pmatrix} 实际产量的 \\ 标准工时 \end{pmatrix} \times \begin{matrix} 固定性制造费 \\ 用标准分配率 \end{matrix}$$

其中

$$固定性制造费用的标准分配率 = \frac{固定性制造费用预算总额}{预算产量的标准工时}$$

2. 三差异法

三差异法是将固定性制造费用成本差异分为耗费差异、效率差异和生产能力闲置差异三种。其中,耗费差异的计算与两差异法的计算相同。不同的是将两差异法中的"能量差异"进一步分为两个部分:一部分是实际产量的实际工时未能达到(或超额)预算产量的标准工时而形成的生产能力差异;另一部分是实际产量的实际工时脱离实际产量标准工时而形成的差异,即效率差异。

$$\begin{matrix} 固定性制造费 \\ 用能力差异 \end{matrix} = \begin{pmatrix} 预算产量 \\ 标准工时 \end{pmatrix} - \begin{pmatrix} 实际产量 \\ 实际工时 \end{pmatrix} \times \begin{matrix} 固定性制造费 \\ 用标准分配率 \end{matrix}$$

$$\begin{matrix} 固定性制造费 \\ 用效率差异 \end{matrix} = \begin{pmatrix} 实际产量 \\ 实际工时 \end{pmatrix} - \begin{pmatrix} 实际产量 \\ 标准工时 \end{pmatrix} \times \begin{matrix} 固定性制造费 \\ 用标准分配率 \end{matrix}$$

造成固定性制造费用成本差异的原因比较复杂。严格地说，企业高层经理人员、计划部门、生产部门、财务部门、设备管理部门、销售部门、职工教育部门等都可能负有一定的责任，涉及面很广，需要从全企业的角度考虑，综合加以解决。

三、标准成本制度的账务处理程序

（一）账户设置

在标准成本制度中，为了能够同时提供标准成本、实际成本和成本差异三项成本资料，可以把实际发生的各项成本划分为标准成本和成本差异两部分，因此需要设置反映各项标准成本的账户和反映各项成本差异的账户。

反映各项标准成本的账户主要包括"原材料""生产成本""库存商品"和"主营业务成本"等。这些账户都应按标准成本进行核算，即记入这些账户的借方金额或贷方金额都应当是以实际产量计算的标准成本数额。

反映各项成本差异的账户，既可以按大的成本项目设置账户，也可以按具体成本差异的内容设置账户。按具体差异设置的账户应包括："直接材料数量差异""直接材料价格差异""直接人工效率差异""直接人工工资率差异""变动性制造费用耗费差异""变动性制造费用效率差异""固定性制造费用耗费差异"和"固定性制造费用能量差异"或以"固定性制造费用效率差异"和"固定性制造费用能力差异"替代"固定性制造费用能量差异"账户。

（二）标准成本制度的账务处理程序

对于日常发生的各项实际成本，都应当将其分离为标准成本和成本差异两部分，并以标准成本分别登记"原材料""生产成本""库存商品"和"主营业务成本"等反映标准成本的账户，对于实际成本脱离标准成本而形成的各项成本差异，按照不同的类别，分别登记各有关的成本差异账户，最后，在月末或年末对成本差异进行处理。

（三）期末各项成本差异的处理方法

各差异账户的累计发生额，反映本期成本控制业绩。在月末或年末，对成本差异的处理方法有以下两种：

1. 结转本期损益法

结转本期损益法是指将本期发生的各项成本差异全部计入损益表，由本期收入补偿，视同于销售成本的一种成本差异处理方法。这种方法的理由是：本期差异应体现本期成本控制的业绩，要在本期利润上予以反映。其优点是比较简单，使当期经营成果与成本控制的业绩直接挂钩，但当标准成本过于陈旧或实际成本水平波动幅度过大时，就会因差异额过高而导致当期利润失实，同时会使存货成本水平失真。

2. 调整销货成本与存货成本法

按照这种方法，在会计期末将成本差异按比例分配至销货成本和存货。采用这种方法的依据是税法和会计原则均要以实际成本反映存货成本和销货成本。本期发生的成本差异，应由存货和销货成本共同负担。当然，这样进行差异的分配计算会增加一些工作量，而且将这些费用计入存货成本也不一定合理。例如，生产能力闲置差异是一种损失，并不能在未来换取收益，作为资产计入存货成本明显不合理，不如作为期间费用在当期参加损益汇总。

四、作业成本体系中的标准成本制定及成本差异计算

在作业成本法下，产品标准成本应由两部分构成：一部分为产品的直接成本的标准成本，如直接材料标准成本和直接人工标准成本；另一部分为间接成本标准成本，间接成本是按作业归集，并按产品消耗的作业量（成本动因量）进行分配计入产品成本中的，具体的标准成本计算方法应该是：

某产品的标准成本=直接材料标准成本+直接人工标准成本+∑各项作业的标准成本

各项作业的标准成本计算公式是：

某产品消耗的作业成本标准=∑(消耗某项作业的成本动因量标准×该项作业的标准成本动因率)

式中　某项作业的标准成本动因率，是按作业确定的预算费用与标准的作业产出量（成本动因量）计算的。

作业成本差异的分析与计算，应以作业为基础，分析产品消耗各项作业的实际成本与其标准成本之间的差异。应用标准成本制度原理，作业成本的差异计算与分析也应从数量差异和价格差异两方面进行，所谓数量差异是指某产品实际消耗的各项作业成本动因量与应该消耗的标准成本动因量之间的差异，价格差异是指某产品实际消耗的各项作业的实际成本动因率与该项作业的标准成本动因率之间的差异。具体计算如下：

$$某项作业成本的数量差异 = \left(实际成本动因量 - 标准成本动因量\right) \times 标准成本动因率$$

$$某项作业成本的价格差异 = \left(实际成本动因率 - 标准成本动因率\right) \times 实际成本动因量$$

由于各项作业中心的成本按照成本性态可以分为固定成本和变动成本两类，因此，对于产品消耗各项作业的实际成本与其标准成本之间的差异分析，可以比照标准成本制度中制造费用成本项目的分析，按照变动性作业成本差异与固定性作业成本差异进行分析。

某作业中心变动性成本差异计算公式如下：

$$某项作业的变动性成本效率差异 = \left(实际成本动因量 - 标准成本动因量\right) \times 标准成本动因率$$

$$某项作业的变动性成本耗费差异 = \left(实际成本动因率 - 标准成本动因率\right) \times 实际成本动因量$$

某作业中心固定性成本差异的分析计算公式如下：

某项作业的固定性成本的耗费差异 = 实际发生的固定性成本 − 预算固定性成本

$$某项作业的固定性成本效率差异 = \left(实际成本动因量 - 标准成本动因量\right) \times 标准成本动因率$$

$$某项作业的固定性成本能力差异 = \left(生产能力 - 实际成本动因量\right) \times 标准成本动因率$$

五、ERP 中的标准成本的制定及分析

产品制造需要经过一定的工艺路线加工生产，计算产品的成本需要制定其物料清单及

工艺路线。物料清单（Bill of Material，BOM）是描述某一产品由哪些原材料或半成品组成，并且说明彼此间的组合过程的表单，是一个完整的、正式的、结构化的关于组成一个产品的部件清单。工艺路线（Routing）主要说明物料实际加工和装配的工序顺序、每道工序使用的工作中心、各项时间定额（如加工时间、传送时间等）以及委托加工工序的时间和费用。根据工艺文件的工艺路线中的标准值及工作中心的成本费用数据计算标准的作业耗用量，再根据成本中心计算出来的作业价格，通过系统成本上卷就可以计算出产品的标准成本。

运用标准成本所生成的各种数据（按成本项目及按作业等计算），结合实际及预算数据，即可进行传统的成本差异分析及基于作业的成本差异分析（见主教材第十一章第四节及第五节内容）。除此之外，ERP系统还设置了基于标准成本的成本构成分析（如原材料成本、生产准备成本等构成金额及构成比例）、制造层附加价值分析（分析产品价值在各个制造层次增加的情况）及工序成本分析（按工艺路线中的工序分析产品价值的创造过程）。

基本名词概念

（1）标准成本制度是企业在生产经营过程中将实际成本与标准成本进行定期比较，揭示成本差异，并按照例外管理原则分析成本差异发生的原因，及时向管理层反馈，并就重大的差异事项及时采取措施纠正，从而达到成本控制目标的一种成本控制系统。具体内容包括标准成本的制定、成本差异的计算与分析、成本差异的账务处理三个部分。

（2）标准成本是以产品设计阶段所选定的最优设计和工艺方案为基础，根据料、工、费的合理耗费，在企业现有生产工艺技术条件下，进行有效经营应该发生的成本。

（3）成本差异是指生产经营过程中发生的实际成本偏离预定的标准成本所形成的差额。如果实际成本超过标准成本，其差异称为不利差异，这种差异通常记录在差异账户的借方，故又称借差，表示成本的浪费；如果实际成本低于标准成本，其差异称为有利差异，这种差异通常记录在差异账户的贷方，故又称贷差，表示成本的节约。

练 习 题

一、单项选择题

1. 在最佳经营条件下可能达到的最低标准成本是（　　）。
   A. 理想标准成本　　　　　　　　B. 正常标准成本
   C. 现行标准成本　　　　　　　　D. 基本标准成本
2. 一经制定，只要生产基本条件无重大变化，就不予变动的一种标准成本是（　　）。
   A. 理想标准成本　　　　　　　　B. 正常标准成本
   C. 现行标准成本　　　　　　　　D. 基本标准成本
3. 在成本差异分析中，变动性制造费用支出差异类似于（　　）。
   A. 直接人工效率差异　　　　　　B. 直接材料用量差异

C. 直接材料价格差异 D. 直接人工成本差异

4. 在成本差异分析中，变动性制造费用效率差异类似于（   ）。
   A. 直接人工效率差异 B. 直接材料价格差异
   C. 直接材料成本差异 D. 直接人工工资率差异

5. 固定性制造费用效率差异是由（   ）之间的差异而造成的固定制造费用差异。
   A. 直接工时与预算工时 B. 实际工时与标准工时
   C. 预算工时与标准工时 D. 实际分配率与标准分配率

6. 形成固定性制造费用效率差异的原因与（   ）的形成原因相同。
   A. 直接人工效率差异 B. 直接人工工资率差异
   C. 直接材料价格差异 D. 变动制造费用开支差异

7. 在标准成本差异分析中，材料价格差异是根据实际数量与价格脱离标准的差额计算的，其中实际数量是指材料的（   ）。
   A. 采购数量 B. 入库数量
   C. 领用数量 D. 耗用数量

8. 从总体上看，标准成本法与定额法的相同之处是（   ）。
   A. 二者具有基本上相同的功能和实施环节
   B. 二者都要计算产品的实际成本
   C. 二者都要为各成本差异单独设置账户
   D. 二者一般都是将各成本差异全部计入当期损益

9. 下列成本差异中，无法从生产过程的分析中找到产生原因的是（   ）。
   A. 变动性制造费用效率差异 B. 变动性制造费用耗费差异
   C. 材料价格差异 D. 直接人工效率差异

10. 固定性制造费用的实际金额与固定性制造费用的预算金额之间的差额称为（   ）。
    A. 耗费差异 B. 效率差异
    C. 闲置能量差异 D. 能量差异

二、多项选择题

1. 在标准成本账务处理系统下，使用结转本期损益法，下列成本中只包含标准成本，不含有成本差异的是（   ）。
   A. 原材料成本 B. 半成品成本
   C. 产成品成本 D. 产品销售成本

2. 按照制定标准成本所依据的生产技术和经营管理水平分类，标准成本可以分为（   ）。
   A. 理想标准成本 B. 正常标准成本
   C. 现行标准成本 D. 基本标准成本

3. 产品的标准成本由（   ）构成。
   A. 直接材料标准成本 B. 直接人工标准成本
   C. 变动性制造费用标准成本 D. 固定性制造费用标准成本

4. 标准成本法的特点有（   ）。

A. 要求按标准成本控制实际成本
B. 对于成本差异的处理一般按产品归集
C. 成本差异划分比较细
D. 成本差异的记账工作量比较大

5. 造成固定性制造费用能量差异的原因可能有（　　）。
   A. 订货增加　　　　　　　　　B. 产品定价调整
   C. 产品结构调整　　　　　　　D. 原材料供应不足
6. 实施标准成本制度的基本条件有（　　）。
   A. 产品设计的标准化　　　　　B. 生产过程的标准化
   C. 完备的成本管理系统　　　　D. 全员成本参与意识的提高

三、判断题

1. 从本质上讲，标准成本法是一种成本管理方法。（　　）
2. 直接人工效率差异是指直接人工实际成本与直接人工标准成本之间的差额。（　　）
3. 变动性制造费用效率差异实际上反映的是产品制造过程中的工时利用问题。（　　）
4. 形成固定性制造费用效率差异的原因与直接人工效率差异形成的原因是相同的。（　　）
5. 标准成本法与定额成本法的根本性区别在于是否为各种成本差异单独设置账户。（　　）
6. 在标准成本系统中，直接材料的价格标准是指预计下年度实际需要支付的材料市价。（　　）
7. 在成本差异分析中，数量差异的大小是由用量脱离标准的多少以及实际价格高低所决定的。（　　）
8. 在成本差异分析中，价格差异的大小是由价格脱离标准的多少以及实际用量高低所决定的。（　　）
9. 实际成本超过标准成本，其差异称为不利差异，也称借差，表示成本的浪费。（　　）
10. 作业成本法下应用标准成本制度，产品的标准成本等于直接材料、直接人工的标准成本与各项作业的标准成本之和。（　　）

四、业务题

1. 某产品的标准成本与实际成本信息的资料如表 11-1 所示。

表 11-1　有关某产品的成本信息

成本项目	标准成本	实际成本
原材料（每件）	10kg×0.15 元/kg	11kg×0.16 元/kg
直接人工（每件）	0.5h×4 元/h	0.45h×4.20 元/h

(续)

成本项目	标准成本	实际成本
制造费用：		
固定成本（总额）	5 000 元	5 000 元
单位变动成本	1 元/h	1.20 元/h
产量	预计 10 000 件	实际 8 000 件

要求：

根据上述资料计算各成本项目的各项成本差异（九种差异）。

2. 某工厂装配车间采用标准成本计算产品成本，月末成本会计师准备了有关成本的信息，如表 11-2 所示。

表 11-2　有关成本信息　　　　　　　　　　　　　　单位：元

成本项目	原材料	直接人工	制造费用
实际成本	32 000	27 500	41 080
标准成本	30 000	28 000	38 500

另外，有关成本差异的信息如下：原材料价差为 -800 元，原材料量差为 2 800 元；工资率差异为 -1 000 元，效率差异为 500 元；变动性制造费用的支出差异为 1 080 元，效率差异 1 500 元。

月初无产成品存货，每单位产品标准成本为 10 元，本月完工入库产品 9 000 件，本月售出 8 800 件产成品。

要求：

（1）编制基本生产科目的会计分录（包括发生的材料、人工、制造费用的标准成本和差异成本，以及产成品入库）。

（2）结转主营业务成本（标准成本）的会计分录。

（3）结转成本差异（结转本期损益法）的会计分录。

五、简答与讨论题

1. 说明采用标准成本系统的目的。
2. 为什么成本差异分为价格差异与数量差异两大类？哪些属于价差？哪些属于量差？
3. 制造费用的差异有几种？它们的意义是什么？
4. 简述标准成本的制定方法。
5. 简述作业成本体系中的标准成本制定及成本差异计算的原理。
6. ERP 系统中计算产品标准成本需要准备哪些数据？简述 ERP 系统计算产品标准成本的基本流程。
7. 简述 ERP 系统成本分析的内容。

练习题参考答案

一、单项选择题

题号	1	2	3	4	5	6	7	8	9	10
答案	A	D	C	A	B	A	D	A	C	A

二、多项选择题

题号	1	2	3	4	5	6
答案	ABC	AB	ABCD	ACD	ABCD	ABCD

三、判断题

题号	1	2	3	4	5	6	7	8	9	10
答案	√	×	√	√	×	×	×	√	√	√

四、业务题

1. 直接材料数量差异 1 200 元，直接材料价格差异 880 元，直接人工效率差异-1 600 元，直接人工工资率差异 720 元，变动性制造费用效率差异-400 元，变动性制造费用支出差异 720 元，固定性制造费用耗费差异 0 元，固定性制造费用效率差异-400 元，固定性制造费用能力差异 1 400 元。

2. （略）

五、简答与讨论题（略）

第十二章

质量成本管理

> \ 学习目的与要求 \
>
> 本章主要介绍质量成本的核算与管理。
> 学习本章，要明确质量成本的概念及内容，熟悉显性质量成本和隐性质量成本的计算方法，理解质量成本管理的方法。

学习重点与难点

一、质量成本的概念及内容

质量成本是指为预防质量不良所发生的成本及因质量不良所造成的损失成本，即指为了保证产品符合一定的质量标准所必须支付的成本，以及因不能达到该标准而发生的损失成本。

质量成本一般包括预防成本、检验成本、内部失败成本、外部失败成本和外部质量保证成本五部分内容。其中，预防成本、检验成本以及内部失败成本和外部失败成本的大部分是企业生产经营过程中实际发生的有形损失，必须得到补偿，称为显性质量成本。由于产品质量低劣导致丢失的销售额和顾客不满意所失去的市场份额而造成的损失属于机会成本，一般都列在外部失败成本中，称为隐性质量成本。根据可否避免，质量成本又可分为可避免成本和不可避免成本。预防成本和检验成本可归为不可避免成本，内部失败成本和外部失败成本属于可避免成本。两类成本之间是此消彼长的关系。

二、质量成本的计量

1. 显性质量成本的计量
显性质量成本的计量方法通常有账外计量法、账内计量法和作业成本计量法。
2. 隐性质量成本的计量
隐性质量成本的计量一般有乘数法、市场研究法和塔古奇损失函数等计量方法。

三、质量成本管理

1. AQL 模型
AQL 模型也称为可接受质量水平模型，其基本思想是控制成本和失败成本之间存在此消彼长的权衡关系，二者的最优平衡点为企业最低的全面质量成本水平，也就是企业可接受的质量水平。

2. ZD 模型
ZD 模型也称"零缺陷"模型，其基本思想是把不合格产品的数量降到零，这是符合成本效益原则的。与 AQL 模型相比，其最大的特点是可以通过控制成本的增加，将失败成本变为零。

3. 作业质量成本管理

作业质量成本管理支持"零缺陷"模型的基本思想，认为在控制成本和失败成本之间没有最优的平衡，后者是非增值成本，应该将其降为零。其中一些控制作业是非增值的，应该被消除。而另外一些控制作业则是增值作业，但是可能执行效率不高，由此而导致的成本是非增值成本。因此，这些类别的质量成本也可以降到更低的水平。

基本名词概念

（1）质量成本是指为预防质量不良所发生的成本及因质量不良所造成的损失成本，即指为了保证产品符合一定的质量标准所必须支付的成本，以及因不能达到该标准而发生的损失成本。

（2）预防成本是指为了防止产生不合格产品所发生的成本，包括质量工作费用、产品评审费用、质量培训费用、质量奖励费用、质量改进措施费用及质量管理专职人员的人工费。

（3）检验成本又称鉴定成本，是指为检查和评定材料、在产品或产成品等是否达到规定的质量标准所发生的费用。

（4）内部失败成本又称内部故障成本或内部差错成本，是指产品出厂前，因产品不符合规定的质量要求所发生的费用，其一般与企业的废、次品数量成正比。

（5）外部失败成本是指产品出厂后因未达到规定的质量要求所发生的各项费用或损失。

（6）外部质量保证成本是指为了证明和验证其产品的质量符合客户提出的特殊和附加的质量保证要求而发生的费用，包括质量保证措施费、质量保证试验费和质量评定费。

（7）显性质量成本是指企业生产经营过程中实际发生的有形损失，包括预防成本、鉴定成本以及内部失败成本和外部失败成本的大部分，此类成本必须得到补偿。

（8）隐性质量成本是指由于产品质量低劣导致的机会成本，主要包括损失的销售额和顾客不满意所失去的市场份额。

练 习 题

一、简答与讨论题

1. 什么是质量成本？质量成本包括哪些内容？
2. 什么是显性质量成本？显性质量成本的计量方法主要有哪些？
3. 账外计量法和账内计量法是如何计量显性质量成本的？
4. 简述作业成本法是如何计量显性质量成本的？
5. 质量成本控制中的 AQL 模型和 ZD 模型的基本思想是什么？
6. 作业质量成本管理的基本思想是什么？

7. 请查找关于 ISO 9000 质量管理体系的相关内容，了解 ISO 9000 质量管理体系的相关知识。

8. 一家企业产品质量成本（包括财务和非财务）的信息来源渠道有哪些？

9. 对下面的每项命题进行是非判断，并解释错误命题不正确的原因。

（1）全部的质量成本等于预防成本加上失败成本。

（2）传统的会计系统使用独立的账户来计算质量成本。

（3）随着生产过程中不合格品产量的增加，内部失败成本也开始上升，但是外部失败成本却趋于下降。

（4）高质量会导致低利润，但是会带来高生产率。

（5）全面质量管理关注生产过程而不是客户满意度。

（6）鉴定成本是检查和改正错误的成本。

10. 有时候，当一家企业努力地降低成本时，很可能不经意地导致质量水平的下降。

（1）降低企业中哪些类型的成本极可能导致质量下降？

（2）如果企业提高质量水平可以降低成本，为什么反过来降低成本不能相应提高质量？

（3）是否存在降低成本的同时提高质量水平的实例？

11. TN 公司通过了 ISO 质量标准认证，不合格品产量已经下降了 35%。根据 TN 公司的质量工程师 Jone 所说，"我们已经制造了一流的产品，但是为了响应客户的要求，我们进行了 ISO 质量认证。" TN 公司在实行严密的管理制度以前，企业已经开始出现放松质量和生产控制的情况。"我们面临的首要挑战是说服员工不能再用以前的方式工作，我们会采纳他们的意见来共同创造一个既能达到质量标准，又能使他们最有效工作的系统。" 为了进行标准认证，公司准备了大量的书面材料，其中记录了公司已经进行的活动。TN 公司还没有建立框架结构的领域是管理检查、内部审计以及纠错系统的记录。生产活动已经建立了适当的框架结构以及相应要实施的步骤，但这些步骤还没有写成书面形式，因此随着标准的变化这些步骤还要进行相应的调整。"采用书面形式进行说明，其最大的好处在于每个阅读它的人获得的信息是相同的。但是，如果你只是口头进行说明，每个人所记住的信息就是不相同的。" Jone 这样说道。

（1）你认为客户要求供应商达到 ISO 9000 质量标准的原因是什么？

（2）供应商达到 ISO 9000 质量标准是否意味着它的产品和服务就比其他竞争者更好？请解释达到 ISO 9000 质量标准意味着什么？

（3）为什么供应商行业获得 ISO 9000 认证的趋势会鼓励供应商争取认证注册？

（4）ISO 9000 质量标准怎样帮助一家公司改进质量？

12. 产品被舆论认定有缺陷，对于渴望诉讼事件的律师以及起诉人来说可能是件好事。尽管如此，专家认为公司什么都不做并不是一个好办法。潜藏在公司中的产品问题可能会危害社会，或是被客户产品安全协会以及相关管理部门重金惩罚，还有其他潜在的危险。如果公司采取适当的回应措施有利于保护公司的名誉，也不会因为没有及时发现产品缺陷而受到影响，同时保护了公众安全。

（1）你认为承认产品的缺陷是否有损于公司的声誉？

（2）当发现产品缺陷时，讨论停止销售的成本和收益。

(3) 上网查找一家公司案例,该公司收到有关产品质量的大量投诉和其他负面反馈意见,但仍然坚持产品的销售,这给公司带来的后果是什么?

二、业务题

练习一

1. 目的:熟练质量成本的计算及其分析。
2. 资料:某企业生产甲乙两种产品的有关资料如表 12-1 所示。

表 12-1 有关资料 1

项　目	甲产品	乙产品
产销量(台)	8 000	5 000
单价(元/台)	25 000	40 000
单位变动成本(元)	15 000	25 000
质量改进设计耗用时数/h	5 000	8 000
每台检验与测试/h	2	3
在工厂的返修率	5%	10%
每台再造成本(元)	5 000	8 000
在客户处的返修率	4%	6%
每台修理成本	5 000	7 500
因质量不良丧失的销售量(台)		600

各种作业的成本动因率为质量改进设计 800 元/h,检验与测试 500 元/h。

3. 要求:

(1) 分别计算甲、乙两种产品的预防成本、检验成本、内部失败成本和外部失败成本。

(2) 计算两种产品的质量成本占销售收入的百分比。

练习二

1. 目的:熟悉质量成本的内容并进行分析。
2. 资料:某公司正在进行一个质量改进项目。年末,质量报告所反映的废品和返工品都有所下降。公司管理当局要求估算该质量改进项目对财务的影响。为进行估算,收集的有关资料如表 12-2 所示。

表 12-2 有关资料 2　　　　　　　　　　　单位:元

项　目	20×4 年	20×5 年
销售收入	30 000 000	30 000 000
废品成本	400 000	400 000
返工成本	600 000	500 000
产品检验	400 000	220 000
产品保修	2 000 000	1 200 000
质量培训	80 000	100 000
材料检验	60 000	30 000

3. 要求：

(1) 对上述各项成本进行分类。

(2) 计算每年质量成本占销售收入的百分比。

(3) 估算 20×5 年由于质量的改进已经增加了多少利润？假定预计质量成本能够降低 5%，计算通过质量成本改进可增加多少利润？（假定销售收入保持不变。）

练习三

1. 目的：熟悉质量成本的内容并进行分析。

2. 资料：威力公司的会计系统反映了 20×2 年和 20×3 年相关的质量成本，如表 12-3 所示。

表 12-3　有关资料 3　　　　　　　　　　　　　　　　　　　　　单位：元

项　　目	20×2 年	20×3 年
劣质产品的客户退货成本	24 000	18 000
发生生产故障的设备维修成本	9 400	13 800
供应链的管理成本	8 000	10 000
废品处置成本	44 000	36 000
质量培训	28 000	30 000
诉讼成本（与产品质量相关）	72 000	56 000

3. 要求：

(1) 这些成本中哪些是质量成本？哪些不是质量成本？

(2) 计算每类成本以及其中每项成本发生的百分比变化。

练习四

1. 目的：熟悉质量成本的内容并进行分析。

2. 资料：Smooth Ride 公司生产高尔夫机动车，产品质量在行业中是公认的一流水平。最近几个月公司的管理人员正在努力地量化公司的质量成本。公司最初的努力是按照质量成本的类别将 20×3 年发生的成本进行分类。相关资料如表 12-4 所示。

表 12-4　相关资料　　　　　　　　　　　　　　　　　　　　　　单位：元

预防成本	
质量培训	15 000
质量技术	50 000
质量循环	32 000
鉴定成本	
质量检测	18 000
检测设备	14 000
程序检验	9 000
内部失败成本	
废品、残料	6 500
残料处置	2 100
外部失败成本	
保修成本	9 500
客户退货/赔偿	7 600

管理人员发现,在 20×3 年,8 000 辆机动车中有 250 辆作为不合格品销售。这 250 辆机动车销售利润与合格机动车相比,每台少了 80 元。同时公司发生了 6 000 元的返工成本来生产另外 200 辆不合格品,返工后它们以正常的销售价格出售。

要求:

(1) 使用这些数据,计算 Smooth Ride 公司 20×3 年下面的成本:

① 销售 250 辆不合格品损失的利润。

② 失败成本总额。

③ 质量成本总额。

(2) 假定公司 20×4 年将 5 年的产品保修期延长到 7 年,质量成本将如何反映这种变化?

练习五

1. 目的:熟悉质量成本的内容并进行分析。

2. 资料:Scoobie Doobie 生产潜水氧气筒,公司意识到要在行业中保持安全和一流的产品形象必须确保高质量水平。假设你被该公司聘请为咨询顾问,你建议公司计算质量成本从而更好地理解和管理质量。你有多年成本会计师的工作经验,很快从公司的会计记录中判断出 20×3 年发生的质量成本如表 12-5 所示。

表 12-5　20×3 年发生的质量成本　　　　　　　　　　　　　　单位:元

项目	金额
预防成本	
机器维护	10 000
质量培训	30 000
教育供应商	22 000
鉴定成本	
质量检测	12 000
记录失误事件	9 000
程序检查	6 000
内部失败成本	
处理残料成本	4 500
计划外停工成本	1 400
外部失败成本	
保修成本	6 400
客户赔偿/退货	5 100

你还发现,20×3 年制造的 100 000 件氧气筒中有 1 200 件作为不合格品销售,每件不合格品的销售利润比合格品低了 70 元。Scoobie Doobie 还发生了 4 000 元的返工成本,这些成本都包含在制造费用账户中(除了上面提到的失败成本),返工品都以正常的销售价格出售。

要求:

(1) Scoobie Doobie 的经理要求你计算 20×3 年下列成本:

① 销售 1 200 件不合格产品损失的利润。

② 失败成本总额。

③ 质量成本总额。

（2）假定公司20×4年将2年的产品保修期延长到3年。质量成本将如何反映这种变化？

练习题参考答案

一、简答与讨论题（略）

二、业务题

练习一

质量成本分类及相关计算（答案），如表12-6所示。

表12-6　质量成本分类及相关计算（答案）1　　　　　　单位：元

项　　目	甲产品	乙产品
预防成本	4 000 000	6 400 000
检验成本	6 000 000	6 250 000
内部失败成本	2 000 000	4 000 000
外部失败成本	1 600 000	2 250 225
总计	13 600 000	18 900 225
占销售收入的百分比	6.80%	9.45%

练习二

质量成本分类及相关计算（答案），如表12-7所示。

表12-7　质量成本分类及相关计算（答案）2　　　　　　单位：元

项　　目	20×4年	20×5年
预防成本	80 000.00	100 000.00
检验成本	460 000.00	250 000.00
内部失败成本	1 000 000.00	900 000.00
外部失败成本	2 000 000.00	1 200 000.00
总计	3 540 000.00	2 450 000.00
占销售收入的百分比	12%	8%

20×5年增加利润为1 200 000元，如果能够降到销售收入的5%，可增加利润2 100 000元。

练习三

提示：不属于质量成本的是生产故障的设备维修成本和供应链的管理成本。

练习四

（1）① 20 000元；② 51 700元；③ 189 700元。

（2）保修成本增加。

练习五（略）

第十三章

供应链成本管理

\学习目的与要求\

本章主要阐述供应链成本管理的内容。

学习本章,要了解供应链和供应链成本管理的基本概念,明确供应链成本管理的基本思想和特征,掌握物流成本的含义和计算方法,熟悉供应链物流成本、仓储成本和运输成本的管理方法,了解供应链成本管理方法。

学习重点与难点

一、供应链和供应链成本管理的基本概念

1. 供应链

供应链是指围绕核心企业,通过对信息流、物流、资金流的控制,从采购原材料开始,到制成中间产品,以及最终产品,最后由销售网络把产品送到客户手中的供应商、制造商、分销商、零售商,直到最终客户的网络系统。它包含了所有加盟的节点企业,从原材料的供应开始,经过链中不同企业的制造加工、组装和分销等过程,直到最终客户。

2. 供应链成本的特点

(1) 成本发生空间的扩展。供应链管理模式打破了传统的企业概念,主张通过企业内部以及企业之间的信任与合作、生产要素的联合使用、信息资源的共享等措施来降低产品制造的综合成本,缩短产品开发与生产周期,提高产品质量。这就要求现代制造模式下的成本管理必须突破原有企业边界的限制,着眼并作用于整个动态企业联盟。

(2) 对象空间的变化。供应链管理模式强调并在客观上建立了新型的供需关系,制造商、供应商、分销商之间构成"风险共担、利益共享"的利益共同体。

3. 供应链成本管理特点

(1) 客户满意是供应链成本管理的前提。客户的需求是通过客户价值增值水平体现的,即价值增值=用户价值-用户成本,而在供应链网络中,每个成员企业既是其上游供应商的客户,又是其下游客户的供应商,因此只有各成员企业在供应链成本管理过程中都坚持增加客户价值的理念,避免因自己或下层企业对供应链成本的过度压缩而导致客户满意度的降低,才能实现最终客户的价值增值。

(2) 作业是供应链成本管理的基础。供应链的管理必须深入到每一个"作业"层次。在供应链中每个成员企业的作业,又是其内部各项子作业的集合体,各项子作业的耗费构

成了供应链的总成本。因此，供应链总成本的管理，必须深入到作业层次，作业是供应链成本构成的基本单位。

（3）成本信息共享是供应链成本管理的核心。供应链成本管理跨越多个企业，需要上下游企业的成本信息是透明和可见的，需要共享库存、共享销售数据、共享计划等。

二、供应链物流成本管理

1. 物流成本含义

物流成本是指产品空间位移（包括静止）过程中所耗费的各种资源的货币表现。即产品在实物运动过程中，在包装、装卸搬运、运输、储存、流通加工和物流信息等各个环节所支出的人力、物力和财力的总和。

2. 物流成本分类

（1）物流成本按成本的支付形式划分。物流成本按成本的支付形式可以分为本企业支付的物流费用和其他企业支付的物流费用两类。

（2）物流成本按物流功能划分。物流成本按物流功能可分为运输成本、装卸搬运成本、仓储成本、流通加工成本、包装成本、配送成本、订单处理和信息成本，以及物流管理费用等。

（3）物流成本按物流活动范围划分。物流成本按物流范围可以分为供应物流成本、生产物流成本、企业内部物流成本、销售物流成本、退货物流成本和废弃物物流成本六个部分。

3. 物流成本的计算

（1）物流成本计算对象和成本项目的确定。物流成本计算对象和成本项目的确定，主要取决于物流活动范围和物流功能范围的选取。物流活动范围可以划分为企业物流与社会物流；也可以从企业角度划分为供应物流、生产物流、销售物流、退货物流、回收物流、废弃物流。物流功能范围的选取是指对于运输、搬运装卸、储存、包装、流通加工和物流信息处理、物流管理等物流功能。主教材中的图13-7说明了物流成本计算对象的确定方法。

（2）物流成本计算的步骤。主要包括：①按支付形态和物流活动范围进行物流成本计算。②将按支付形态计算的物流成本按物流功能分类，然后汇总。③计算按支付形态和物流功能分类的物流成本。④计算按物流活动范围和物流功能分类的物流成本。

（3）物流作业成本计算。根据作业成本法的思想，企业对供应链物流成本的计算可分为以下四个步骤：①分析和确定资源。②分析和确定作业。③建立作业成本库。④分配成本至成本对象。

4. 物流成本管理

（1）物流成本管理对象。物流成本管理首先需要确定物流成本管理的对象，物流成本管理的对象应与物流成本的计算对象一致。可以分为以下三种：①以物流成本的活动范围作为成本管理和控制的对象。②以物流服务的不同功能作为成本管理和控制对象。③以物流成本的不同项目作为成本管理和控制对象。具体可参照主教材中的图13-9。

（2）物流成本管理方法。物流成本的管理方法主要分为横向管理法、纵向管理法和计算机网络系统管理方法等。物流成本的横向管理是对物流成本进行预测、计划、计算、分析、信息反馈、控制与决策等。物流成本纵向管理即对物流过程的优化管理，主要方法有线性规划、系统分析技术、存储理论和计算机模型技术等。计算机网络系统将物流成本的横向和纵向连接起来，形成一个不断优化的物流系统的循环。

（3）物流成本管理模型。物流成本管理模型包括物流成本的控制过程和策略，以及供应链物流成本管理模型两个部分。主教材中的表13-8涵盖了企业物流全过程的成本控制指标和控制策略。供应链物流成本管理模型包括横向、纵向和计算机网络管理三种方法，其中计算机网络管理是物流成本的横向和纵向管理的纽带。

（4）物流成本的降低。物流成本的降低主要包括库存成本的降低、运输成本和在途产品成本的降低。

三、供应链仓储成本与运输成本管理

1. 供应链仓储成本管理

供应链仓储成本的管理主要是针对下述四个方面的成本管理，分别是仓储持有成本、订货或生产准备成本、缺货成本和在途库存持有成本。

2. 供应链运输成本管理

通过减少运输环节、合理选择运输方式和运输工具、提高车辆的装卸效率是控制供应链物流运输成本的主要方法。

四、供应链成本管理方法

供应链成本管理的方法主要包括供应链的目标成本管理、供应链的作业成本管理、供应商管理、注重信息技术在供应链管理中的运用以及创建供应链成本文化五个方面。

基本名词概念

（1）供应链是指围绕核心企业，通过对信息流、物流、资金流的控制，从采购原材料开始，到制成中间产品，以及最终产品，最后由销售网络把产品送到客户手中的供应商、制造商、分销商、零售商，直到最终客户的网络系统。它包含了所有加盟的节点企业，从原材料的供应开始，经过链中不同企业的制造加工、组装、分销等过程直到最终客户。

（2）物流成本是指产品空间位移（包括静止）过程中所耗费的各种资源的货币表现。即产品在实物运动过程中，在包装、装卸搬运、运输、储存、流通加工和物流信息等各个环节所支出的人力、物力、财力的总和。

（3）仓储持有成本是指为保持适当的库存而发生的成本，它可以分为固定成本和变动成本。

（4）订货成本是指企业为了实现一次订货而进行的各种活动的费用，如办公费，处理订货的差旅费、通信费等支出。

（5）生产准备成本是指当库存的某些产品不是由外部供应而是由企业自己生产时，企业为生产一批货物而进行改线准备的成本。

（6）缺货成本是指由于库存供应中断而造成的损失，包括原材料供应中断造成的停工损失、产成品库存缺货造成的延迟发货损失和丧失销售机会的损失（还应包括商誉损失）；

如果生产企业以紧急采购代用材料来解决仓库材料的中断之急,那么缺货成本表现为紧急额外购入成本(紧急采购成本大于正常采购成本的部分)。

练 习 题

一、简答与讨论题

1. 简述供应链成本管理的特点。
2. 物流成本管理的对象包含哪些内容?
3. 在原油价格上涨的趋势下,试讨论物流成本降低的方式。
4. 在原材料价格上涨的情况下,如何进行供应商管理?
5. 试分析各种运输方式的经济性与适用性。

二、业务题

练习一

1. 目的:练习运输成本的计算。
2. 资料:某汽车运输企业的3号车(普通六轮货车)在4月份发生的费用项目如下:
燃料费:本月共加油6次,每次费用1 000元。
轮胎费:每只轮胎价格420元,计划行驶72 000km后报废,报废后预计残值60元,当月行驶1 800km。
人工费:每月汽车驾驶人工资为2 000元,附加薪酬按工资的57.5%提取。
修理费:当月汽车经过一次修理,修理费370元。
折旧费:按直线法计提。汽车原值20万元,预计残值率4%,预计使用6年。
运输管理费:按该车当月收入的2%计交纳。4月份该车取得收入17 000元。
3. 要求:根据以上资料,计算3号车在4月份的运输成本。

练习二

1. 目的:练习作业成本的计算。
2. 资料:锋范公司有运输与仓储两项物流业务,现公司采用作业成本法进行成本核算。该公司共有6个作业中心,20×3年5月各个作业中心成本与动因量如表13-1所示。

表13-1 作业成本归集表

作业中心	成本动因	成本动因量	作业成本(元)
材料处理	材料运输次数	2 500次	414 000
材料采购	订单处理张数	7 500张	320 000
仓储准备	整理次数	800次	160 000
设备维修	维修小时	20 000h	310 000
质量检验	检验次数	4 000次	240 000
动力与折旧	直接工时	200 000h	420 000

运输与仓储业务本月耗用作业数量如表 13-2 所示。

表 13-2 作业动因数量表

作业中心	成本动因	作业动因数量		
		合　计	运　输	仓　储
材料处理	材料运输次数	2 500 次	2 000 次	500 次
材料采购	订单处理张数	7 500 张	5 000 张	2 500 张
仓储准备	整理次数	800 次	550 次	250 次
设备维修	维修小时	20 000h	12 500h	7 500h
质量检验	检验次数	4 000 次	3 000 次	1 000 次
动力与折旧	直接工时	200 000h	120 000h	80 000h

3. 要求：计算运输与仓储业务本月的作业成本。

练习题参考答案

一、简答与讨论题（略）

二、业务题

练习一

3 号车在 4 月份各项费用金额为：

燃料费　　1 000×6＝6 000（元）

轮胎费　　$\dfrac{420-60}{72\,000}\times 1\,800\times 6 = 54$（元）

人工费　　2 000×(1+57.5%)＝3 150(元)

修理费　　370 元

折旧费　　$\dfrac{200\,000\times(1-4\%)}{6\times 12}\approx 2\,667$（元）

运输管理费　　17 000×2%＝340（元）

3 号车的运输成本＝6 000+54+3 150+370+2 667+340＝12 581（元）

练习二

作业成本计算结果（答案），如表 13-3 所示。

表 13-3 作业成本计算结果（答案）　　　　　　　　　金额单位：元

作业中心	成本动因率	运输业务		仓储业务		作业成本合计
		动因数量	分配额	动因数量	分配额	
材料处理/次	165.6	2 000	331 200	500	82 800	414 000
材料采购/张	42.666 7	5 000	213 333	2 500	106 667	320 000
仓储准备/次	200	550	110 000	250	50 000	160 000
设备维修/h	15.5	12 500	193 750	7 500	116 250	310 000
质量检验/次	60	3 000	180 000	1 000	60 000	240 000
动力与折旧/h	2.1	120 000	252 000	80 000	168 000	420 000
合计	—		1 280 283	—	583 717	1 864 000

第十四章

环境成本管理

\学习目的与要求\

本章主要阐述环境成本的计量与管理。

学习本章，要理解环境成本的概念及其内容，了解环境成本的计量方法，明确环境成本报告的内容，了解环境成本的分配方法以及企业环境成本管理的目标与方法。

学习重点与难点

一、环境成本及其分类

1. 环境问题的经济本质

环境是指影响人类生存和发展的各种天然和经过人工改造的自然因素的总体。环境问题是指由自然力和人力引起生态平衡破坏，最后直接或间接影响人类的生存和发展的一切客观存在的问题。由于环境资源是一种共有资源，具有非竞争性和非排他性。因此，从经济学的角度讲，环境问题根源于外部性。外部性可以是有利的（外部经济），也可以是不利的（外部不经济）。对环境问题而言，外部不经济性的表现非常明显。当每个经济主体都可以从资源的利用开发中获得正效益，而由此产生的负效益则由其他主体及后来者所承担。

2. 环境成本的概念及其分类

环境成本是指所有经济主体所耗用自然资源的价值。

按照不同的标志，环境成本有不同的分类。按照环境质量成本组成内容进行分类，环境成本分为环境保护成本、环境检测成本、环境内部失败成本和环境外部失败成本，而外部失败成本又可以细分为已支付的外部失败成本和未支付的外部失败成本两类。按照环境成本的负担者与成本的产生者之间的关系可以分为外部成本（社会成本）和内部成本（私人成本）。按照环境成本管理的过程可以分为环境控制成本和环境故障成本。

二、环境成本的计量

目前在理论和实践中对环境成本的计量主要采用完全成本计算法、生命周期成本计算法和环境质量成本计算法。

1. 完全成本计算法

完全成本计算法是将与企业的经营、产品或劳务对环境产生影响的有关内部成本和外部成本综合起来的计量方法。

2. 生命周期成本计算法

生命周期成本计算法是估计和积累产品（或设备）全生命期的方法，该方法已超出传统的只从产品的生产企业看成本问题，而进一步扩展到从产品的使用者看成本问题，即从成本的企业观发展到社会观。

3. 环境质量成本计算法

环境质量成本计算法是分别确认环境保护成本、环境检测成本、环境内部失败成本和环境外部失败成本。在总环境质量模型中，其理想状态是对环境的零破坏。

三、环境成本报告

为揭示环境成本的构成内容，提供每一类环境成本的相关数量及环境成本对企业盈利性的影响，组织应该编制环境成本报告。目前，由于环境成本报告处在发展的初期，还没有统一、规范的报告格式，但从西方一些企业披露的环境成本报告中可以看出，环境成本报告的内容主要是揭示环境成本的重要性，同时还提供与环境成本分配有关的信息。此外，有的企业提供环境财务报告，除了报告环境成本之外还报告环境效益。

四、环境成本分配

环境成本分配的方法主要有环境产品成本分配法、职能基础环境成本分配法和作业基础环境成本分配法。环境成本分配的目的是更好地揭示产品的盈利能力，帮助企业改进环境业绩并提高经济效益。

环境产品成本分配法是将确定的环境成本分配到企业所生产的全部产品中，也即按产品的种类进行分配。

职能基础环境成本分配法，是将环境成本采用某种分配标准，比如直接人工小时或机器工时等将其分配到各个产品中去，这种方法可能造成成本信息的扭曲。

作业基础环境成本分配法，是将环境成本追溯到应为环境成本负责的产品消耗的各项作业中，使环境成本与其分配对象之间建立严格的因果关系，因而使分配结果更准确。

五、环境成本管理

1. 环境成本管理的目标

企业环境成本管理的目标是为了优化协调环境成本与环保效果及经济效益之间的关系，以最少的环境成本投入取得最佳的环境保护效果和经济效益。这一目标在企业的环境保护活动中主要体现在三个方面：①自然资源和能源利用的最合理化。②经济效益最大化。③对人类和环境的危害最小化。

2. 环境管理国际标准

由于环境问题是世界性问题。1993年1月，国际标准化组织建立了环境管理技术委员会（TC 207），开始着手制定标准序号为14000的系列环境管理标准，包括环境管理体系、环境审核、环境标志、生命周期分析等国际环境管理领域内的许多焦点问题，旨在指导各类组织（企业、公司）取得和表现其正确的环境行为。

3. 环境成本管理的方法

从成本发生的时间角度，通用的成本管理方法包括事前管理与事后管理，即事前规划、事后处理。事后处理法就是企业在污染发生后设法予以清除，把发生的支出确认为环境成本；事前规划法是指综合考虑整个生产工艺流程，把未来可能的环境支出进行分配并计入产品成本预算系统，提出各项可行的生产方案，然后对各项可能的方案进行价值评估，从未来现金流出的比较中筛选出支出最少的方案来实施，以达到控制环境成本的目的。目前，西方国家的企业对环境成本的管理正在由事后处理法转向事前规划法。

基本名词概念

（1）环境是指影响人类生存和发展的各种天然和经过人工改造的自然因素的总体，包括大气、水、海洋、土地、矿藏、森林、草原、野生生物、自然遗迹、人文遗迹、自然保护区、风景名胜区、城市和乡村等。

（2）环境成本是指所有经济主体所耗用自然资源的价值。

（3）环境质量成本是指由于恶劣的环境质量的存在而引起的成本。

（4）环境保护成本是指为了防止污染物的产生和对环境有破坏性的废弃物的产生而执行的作业所带来的成本。

（5）环境检测成本是指由于检测企业的产品、流程或其他作业是否符合恰当的环境标准而发生的成本。

（6）环境内部失败成本是指由于污染和废弃物已经生产出来但是还没有排放到环境中去的成本。

（7）环境外部失败成本是指由于在污染和废弃物已经排放到环境中去后的作业而产生的成本。

（8）环境控制成本是指企业为履行环境责任而产生的成本，具体表现为资源维护、环境保护等行为发生的支出。

（9）环境故障成本是指除环境控制成本以外与环境问题有关的支出。

（10）环境成本的事后处理法是指企业在污染发生后设法予以清除，把发生的支出确认为环境成本。

（11）环境成本的事前规划法是指综合考虑整个生产工艺流程，把未来可能的环境支出进行分配并进入产品成本预算系统，提出各项可行的生产方案。然后对各项可能的方案进行价值评估，从未来现金流出的比较中筛选出支出最少的方案来实施，以达到控制环境成本的目的。

练 习 题

一、简答与讨论题

1. 什么是环境成本？从环境质量成本角度看，环境成本是由哪些内容组成的？
2. 环境成本的计量方法主要有哪几种？
3. 以作业基础进行环境成本分配的实质是什么？
4. 环境成本管理的目标是什么？常用的环境成本管理方法有哪些？

二、计算题

1. 目的：熟悉环境成本的核算方法。

2. 资料：某工业企业生产甲、乙、丙三种产品，年产量分别为 2 500t、3 000t 和 4 000t，其中甲乙两种产品在生产过程中有污染物产生，分别为 100t 和 300t，这些污染物需经过焚化炉处理才能向外排放，焚化过程所发生的成本及作业动因的相关资料如表 14-1 所示。

表 14-1　成本及作业动因

作　　业	总成本（元）	作业动因	作业动因量		
			甲	乙	合计
废品处理	35 000	搬运次数（次）	30	40	70
设备启动	25 000	启动次数（次）	6	4	10
维修费	20 000	维修时间/h			2
焚化炉动转	50 000	运转时间/h	200	300	500

3. 要求：计算甲乙两种产品的环境成本。

练习题参考答案

一、简答与讨论题（略）

二、计算题

甲产品的环境成本为 55 000 元，乙产品的环境成本为 75 000 元。

提示：维修成本按处理污染物的数量在甲乙两种产品之间进行分配。

第十五章

人力资源成本的核算与管理

学习目的与要求

本章主要阐述人力资源成本核算与管理的内容。

学习本章,要了解人力资源成本核算与管理的意义,掌握企业人力资源成本的内容,明确企业人力资源成本计量的三种方法,熟悉企业人力资源成本的核算程序,了解企业人力资源成本信息的披露形式,了解企业人力资源成本管理的价值评估模型。

学习重点与难点

一、人力资源的含义

人力资源是指存在于劳动人口之中的创造社会价值的劳动能力。从微观意义上解释,人力资源是一个组织所雇佣的人员所具有的为组织创造经济价值的能力。本章所考虑的人力资源,是指微观意义上的人力资源。

二、人力资源成本的内容

人力资源成本是指企业为取得预期的收益或达到特定的目的,在人力资源上所花费的货币性支出或代价。具体包括以下五项内容:

1. 人力资源的取得成本

人力资源的取得成本是指企业在招聘和录用职工的过程中所发生的成本,包括在招聘和录用职工的过程中所发生的招聘成本、选择成本、录用成本和安置成本。

2. 人力资源的开发成本

人力资源的开发成本是指企业为了提高员工技能而发生的费用。具体地说,是为了使新招聘的员工达到具体的工作岗位所要求的业务水平和为了提高在岗职工的素质而开展教育、培训时所发生的支出,包括岗前教育成本、岗位培训成本、脱产培训成本等。

3. 人力资源的使用和保障成本

人力资源的使用成本是企业为补偿或恢复作为人力资源载体的企业职工在从事劳动的过程中其体力、脑力的消耗而直接或间接地向劳动者支付的费用。主要包括维持成本、奖励成本和调剂成本。

人力资源的保障成本是指企业为满足职工精神上的需求,稳定职工队伍所支出的费用。包括职工疗养费用、职工定期休假费用、劳动事故赔偿金、抚恤金、养老保险金、失业保险金等。

4. 人力资源的离职成本

人力资源的离职成本是指由于职工离开企业而产生的成本，包括离职补偿成本和空职成本。离职补偿成本是职工离开企业时，企业应补偿给职工的费用，包括一次性付给职工的离职金，必要的离职人员安置费等。空职成本是职工离职后，由于职位空缺而发生的损失，是一种间接成本。

5. 人力资源的日常人事管理成本

人力资源的日常人事管理成本是指企业常设人力资源管理部门进行日常的人力资源管理的费用，包括人力资源专职管理人员的薪金、奖金及其他福利开支、日常办公费、工作用设施的折旧费、对外招待费等。

三、人力资源成本的计量方法

人力资源成本计量的方法主要有历史成本法、重置成本法和机会成本法。

1. 历史成本法

历史成本法是以历史成本计价原则为基础，对人力资源的取得、开发和使用成本进行计量，反映企业对人力资源的原始投资。这一计量方法更符合历史成本原则，更容易与现行会计制度融合。

2. 重置成本法

重置成本法是指在目前条件下重置人力资源所发生的成本。它通常从取得能在特定职位上提供相同服务的替代者的角度考虑问题，此时的重置成本即是职务重置成本，包括遣散成本和取得与开发成本。

3. 机会成本法

机会成本法是以企业因职工离职、管理混乱、职工怠工等所蒙受的经济损失作为人力资源的计价依据。企业所蒙受的经济损失，既包括企业在该人力资产方面的投资支出中没有补偿的部分，又包括该资产可能创造的价值增值（或贬值）。以这种方法计算的人力资源成本不是现实成本，只是一种可能成本。

四、人力资源成本的核算

1. 人力资源成本核算需要设置的科目

"人力资产"科目，用来核算企业对人力资源的取得、开发、使用、保障和离职等引起的人力资产价值的增加、减少及其余额情况。其借方登记企业对其人力资源的取得、开发、使用、保障、离职等活动进行的投资，贷方登记人力资源从企业退出或消失时对人力资源价值的冲减，但一般情况下贷方无发生额。

"人力资源取得成本"科目，主要用来核算企业取得人力资源所发生的各种费用。其借方登记企业在取得人力资源时所发生的各种费用，贷方登记转入人力资产科目的人力资源的取得成本，期末余额在借方，表示尚未转入人力资产科目的人力资源的取得成本。该科目可下设招聘成本、选择成本、录用成本和安置成本四个明细科目。

"人力资源开发成本"科目，主要用来核算企业对人力资源开发方面的投资支出情况。其借方反映企业在开发人力资源时对人力资源的投资，贷方反映转入"人力资产"科目的人力资源开发成本，期末余额在借方，反映尚未转入"人力资产"科目的人力资源开发成本。

"人力资源使用成本"科目，主要用来核算企业在人力资源使用方面的投资支出情况。其借方反映企业每月在使用人力资源时对人力资源的投资；贷方反映每月转入"人力资产"科目的人力资源使用成本；期末无余额。该科目可下设维持成本、奖励成本、调剂成本三个明细科目。

"人力资源离职成本"科目，主要用来核算企业对人力资源在离职方面投资支出总额的增减及其变动情况。其借方反映企业人力资源在离职时所发生的人力资源的增加，贷方反映转入"人力资产"科目的人力资源离职成本，期末余额在借方，反映尚未转入"人力资产"科目的人力资源离职成本。该科目下设离职补偿成本、离职管理活动成本、离职成本三个明细专栏。

"人力资源保障成本"科目，主要用来核算企业对人力资源保障方面的投资支出情况。其借方反映每月企业对人力资源保障支出的增加，贷方反映每月转入"人力资产"科目的人力资源保障成本，该科目期末无余额。在该科目下可设劳动事故保障成本、退休养老成本、健康保障成本和失业保障成本四个明细科目。

"人力资产费用"科目，主要用来核算各种人力资产的收益性支出，如工资、福利费及本期生产经营成本负担的应摊销的资本性支出。其借方反映企业当期应该计入生产经营成本的人力资源费用，贷方反映企业本期已经分配计入生产经营成本的人力资源费用，期末无余额。该科目可按人力资产设明细科目，如按总经理、部门经理、高级技术人员等设置。

"人力资产累计摊销"科目，主要用来核算人力资产的累计摊销额。其贷方反映企业当期应计入生产经营成本的人力资源费用，借方平时无发生额，只有当人力资源从企业退出或消失时，才借记该科目，冲减企业已经摊销的人力资产费用，期末余额在贷方，反映企业人力资产成本的累计摊销额。该科目的明细科目应与"人力资产"明细科目的设置相同，即按各类人力资产设明细科目。

"人力资产损益"科目，主要用来核算人力资产退出和消失所产生的损益。其借方反映人力资产退出或消失时，转销的人力资产的未摊销额，贷方反映转销人力资产的多摊销额。如果期末余额在借方，应转入"本年利润"科目的借方，冲减本年利润。

2. 人力资源成本核算的账务处理程序

人力资源成本核算的账务处理程序可以分为以下几步：

（1）发生人力资源的取得、开发和离职等成本时，按照不同的成本与部门，分别记入"人力资源取得成本""人力资源开发成本""人力资源离职成本""人力资源使用成本""人力资源保障成本"账户。

（2）月末或平时根据需要，将归集人力资源的各种成本从"人力资源取得成本""人力资源开发成本"等账户转入"人力资产"账户。

（3）月末，摊销应由本期负担的人力资产费用（包括分摊的本期资本性支出和收益性支出）。

（4）月末将人力资产费用分配记入有关的生产经营成本和费用类账户。

（5）人力资源退出企业生产经营活动时，注销人力资产的原入账价值和账面已摊销额，并根据其人力资产未摊销额和收到的补偿金确定"人力资产损益"。

以上人力资源成本核算的账务处理程序可见主教材中的图 15-3。

五、人力资源成本信息的报告和披露

企业人力资源成本信息可通过人力资源成本报告予以揭示和披露。人力资源成本报告可以分为对外报告与对内报告两种形式。

1. 人力资源成本信息的对外报告

人力资源成本信息的对外报告一般在资产负债表中增设"人力资产""人力资产累计摊销"和"人力资产净值"三个项目；在利润表中增列"人力资产费用""人力资产收益"和"人力资产损失"三个项目。同时在报表附注中增加一些附加报告。如人力资产总成本及成本变动报告和人力资源流动报告。

2. 人力资源成本信息的对内报告

人力资源成本信息的对内报告可以分为货币信息和非货币信息两部分。货币信息主要指人力资源投资报告。非货币信息主要反映目前企业的人力资源组成、分配及利用情况，对于一些高成本引进的重要人才，应予以重点揭示。

上述两种形式披露的人力资源成本信息互相补充，共同构成了企业人力资源的完整信息。

六、人力资源成本管理的价值评估模型

加强人力资源成本的管理，需要对人力资源的经济价值进行评估。现有的人力资源价值评估模型依据其所采用的计量单位不同通常可分为货币性计量方法和非货币性计量方法。

1. 货币性计量方法

货币性计量方法是用货币单位为基础来计量人力资源的价值，包括未来工资折现调整模型、拍卖价格法（内部竞标模型）、补偿模型、随机报酬模型、未来净产值折现模型等。

2. 非货币性计量方法

非货币性计量方法是在对企业的人力资源价值进行计量时，主张运用主观判断、经济判断和预测判断等方法对个人、群体和组织的行为进行衡量，同时考虑其他各种影响因素，来确认人力资源的价值。人力资源价值计量的非货币性计量方法主要有人力资源价值信息库法、人力资源技术指标统计法、主观自我评议法和客观评议法等。

基本名词概念

（1）人力资源。从宏观上讲，人力资源是指存在于劳动人口之中的创造社会价值的劳动能力。从微观上讲，人力资源是一个组织所雇佣的人员具有的为组织创造经济价值的能力。

（2）人力资源成本是指企业发生在人力资源上的支出或代价。

（3）人力资源取得成本是指企业在招聘和录用职工的过程中所发生的成本，包括在招聘和录用职工的过程中所发生的招聘成本、选择成本、录用成本和安置成本。

（4）人力资源开发成本是指企业为了提高职工技能而发生的费用，包括岗前教育成

本、岗位培训成本、脱产培训成本等。

（5）人力资源使用成本是指企业为补偿或恢复作为人力资源载体的企业职工在从事劳动的过程中其体力、脑力的消耗而直接或间接地向劳动者支付的费用。

（6）人力资源离职成本是指由于职工离开企业而产生的成本，包括离职补偿成本和空职成本。

（7）人力资源成本计量的历史成本法是以历史成本计价原则为基础，对人力资源的取得、开发和使用成本进行计量，反映了企业对人力资源的原始投资。

（8）人力资源成本计量的重置成本法是将重置某一特定职位上提供相同服务的替代者所花费的成本作为该职位人力资源的成本。

（9）人力资源成本计量的机会成本法是以企业因职工离职、管理混乱、职工怠工等所蒙受的经济损失作为人力资源的计价依据。

（10）人力资源的个人价值是指职工在企业中可提供未来用途和服务的估计现值。

（11）人力资源的群体价值是指某群体在企业中可提供未来用途和服务的估计现值。

（12）未来工资折现调整模型是指将预计的职工有效服务期间的全部工资报酬，按一定的折现率折为现值，作为人力资源的价值的一种货币性计量方法。

练 习 题

一、单项选择题

1. 实施人力资源成本会计后，将本期发生的人力资源成本全部计入当期损益，将会导致（　　）。
   A. 本期资产虚减，收益虚增
   B. 本期资产虚增，收益虚减
   C. 本期资产虚减，收益虚减
   D. 本期资产虚增，收益虚增

2. 企业某职工 3 年前来到该企业，3 年间共发生招聘成本、安置成本、培训成本等 10 万元，已经摊入各期人力资产费用 65 000 元。现该职工"跳槽"去另外一家企业，因此向其收取补偿费用 20 000 元。则企业应将损失的 15 000 元记入（　　）账户。
   A. 人力资产损益
   B. 管理费用
   C. 营业外支出
   D. 投资收益

3. 以下人力资源成本的计量方法中，哪种方法更能体现实际成本原则，并与现行的会计制度融合（　　）。
   A. 重置成本法
   B. 机会成本法
   C. 历史成本法
   D. 未来工资报酬折现模型

4. 实施人力资源会计后，人力资源的培训成本应（　　）。
   A. 费用化，直接计入当期管理费用
   B. 费用化，直接计入当期人力资产费用
   C. 资本化，直接记入"人力资产"账户，分期摊销
   D. 资本化，先归集在"人力资源开发成本"账户；培训结束后，转入"人力资产"账户，分期摊销

5. 下列人力资源成本项目中，可以不通过人力资产账户，直接计入当期费用的是（　　）。
   A. 人力资源取得成本　　　　　　　B. 人力资源日常管理成本
   C. 人力资源离职成本　　　　　　　D. 人力资源开发成本

二、多项选择题

1. 下列各项中，会引起"人力资产"账户账面价值发生变化的有（　　）。
   A. 转来的人力资源开发成本　　　　B. 发生的人力资源日常人事管理成本
   C. 人力资源离开企业　　　　　　　D. 摊销人力资源开发成本
2. 下列人力资源成本管理的价值评估模型中，属于货币性的方法的有（　　）。
   A. 未来工资报酬折现模型　　　　　B. 随机报酬模型
   C. 未来净产值折现模型　　　　　　D. 人力资源价值信息库法
3. 下列为人力资源发生的费用中，属于人力资源取得成本的是（　　）。
   A. 参加招聘会的席位费　　　　　　B. 支付给职工的安家费
   C. 职工的岗前培训成本　　　　　　D. 招聘者的差旅费
4. 确定人力资产损益时，应考虑的因素有（　　）。
   A. 人力资产累计摊销　　　　　　　B. 人力资产账面价值
   C. 收取的离职赔偿金　　　　　　　D. 支付的离职补偿金

三、业务题

1. 某企业 20×× 年度发生如下有关人力资源的业务：

（1）1月初，企业通过人才交流会招聘职工10名，招聘期间发生的席位费、差旅费、体检费等相关费用共计60 000元（以银行存款支付）；这10名职工进入企业后发生的安家费用每人2 000元（以现金支付）；上岗前培训费用共计为60 000元（其中，30 000元为以银行存款支付的培训费，30 000元为有关人员的工资）。企业与这10名职工签订了为期3年的用工合同。

（2）1月20日，企业请当地某高校的专家为中层管理人员举办管理专业知识讲座，共有20人参加，费用支出共计50 000元，全部以银行存款支付。

（3）1月31日，本月报销在外参加培训、考试的职工（共有10名职工参加）的培训和考试费用共计50 000元、差旅费15 000元，以现金支付。

（4）1月31日，结转本月发生的人力资源成本（假定本月增加的人力资产从下月起摊销成本，并假定20××年起开始实施人力资源成本的核算，认定的有效服务期限为3年，以后各月相同）。

（5）2月月底摊销本月人力资产成本（其他各月摊销的分录略）。

（6）3月月底，1月初招来的10人中，李某工作不称职被企业提前辞退，按合同规定企业向其支付遣散费3 000元。

（7）7月月底，1月初招聘的10人中，张某向企业辞职获得批准，按合同规定企业向其收取违约赔偿金20 000元。

要求：

编制上述经济业务的会计分录。

2. 20××年年初,某企业管理部门拟计算确定企业职工的人力资源价值。根据经验,确定企业职工的平均有效服务年限为5年。在未来的5年内,各年预计的工资报酬总额分别为:第一年,1 200万元;第二年,1 350万元;第三年,1 600万元;第四年,1 800万元;第五年,1 850万元。前5年内,该企业的资产收益率分别为:6%、7%、7.5%、6.5%、7%;全行业平均资产收益率分别为:6.2%、6.5%、7%、6.3%、6.8%。折现率为6%。

要求:

根据以上资料,采用未来工资折现调整模型计算该企业职工的人力资源价值。

四、简答与讨论题

1. 在知识经济时代,对人力资源成本进行核算和管理有何现实意义?
2. 企业人力资源成本包括哪些内容?
3. 企业人力资源成本的计量有哪些方法?各有何优缺点?
4. 对人力资源成本进行单独核算后,将会对会计报表产生什么影响?
5. 人力资源经济价值的评估方法有哪些?为什么要补充非货币性计量方法?

练习题参考答案

一、单项选择题

题号	1	2	3	4	5
答案	C	A	C	D	B

二、多项选择题

题号	1	2	3	4
答案	AC	ABC	ABD	ABCD

三、业务题

1. (略)

2.
(1) 5年工资收入的现值总额为64 851 577.32元。
(2) 计算确定每一年企业的投资报酬率与同行业平均投资报酬率之比 R_t。
(3) 效率系数 F 为1.040 5。
(4) 企业人力资源价值 V 为67 478 066.2元。

四、简答与讨论题 (略)

第十六章

成本报表的编制和分析

学习目的与要求

本章主要阐述成本报表的编制和分析。

学习本章，要了解企业成本报表的作用和种类，理解成本报表的编制要求，掌握主要成本报表的编制方法，掌握成本分析的方法。

学习重点与难点

一、成本报表的意义

成本报表是根据企业日常成本核算和计量的有关资料编制的，用来反映企业某一时期的产品成本构成及其变化，以及企业费用预算和产品成本计划执行情况的书面性报告文件。

成本报表的作用主要表现在以下四个方面：提供综合的成本管理信息；揭示成本变动的结构和原因；为制定新的成本计划提供依据；为实施企业各项特定成本管理目的提供依据。

成本报表一般分为两类：一类是日常的生产成本报表，主要有商品产品成本汇总表、主要产品单位成本表、制造费用明细表、职工薪酬明细表、生产费用表、管理费用明细表等；另一类是根据企业成本管理的特殊要求编制的成本报表，主要有生产和销售成本预测报告、部门成本分析报告、产品或部门成本预算完成报告、项目决策分析报告和标准成本差异分析报告等。

二、成本报表的编制

1. 商品产品成本表的编制方法

（1）"产品名称"项目应填列全部商品产品，主要商品产品的品种要按规定填写。

（2）"实际产量"项目反映本月和从年初起至本月末止各种主要商品产品的实际产量。应根据"成本计算单"或"产成品明细账"的记录计算填列。

（3）"单位成本"项目

①"上年实际平均"反映各种主要商品产品的上年实际平均单位成本。应分别根据上年度所列各种商品的全年实际平均单位成本填列。

②"本年计划"反映各种主要商品产品的本年计划单位成本。应根据年度成本计划的有关数字填列。

③"本月实际"反映本月生产的各种商品产品的实际单位成本。应根据有关产品成本

计算单中的资料，按下列公式计算填列：

$$某产品本月实际单位成本 = \frac{某产品本月实际总成本}{某产品本月实际产量}$$

④"本年累计实际平均"反映从年初起至本月末止企业生产的各种商品产品的实际单位成本。应根据成本计算单的有关数字，按下列公式计算填列：

$$某产品本年累计实际单位成本 = \frac{某产品本年累计实际总成本}{某产品本年累计实际产量}$$

（4）"本月总成本"项目

①"按上年实际平均单位成本计算"是用本月实际产量乘以上年实际平均单位成本计算填列。

②"按本年计划单位成本计算"是用本月实际产量乘以本年计划单位成本计算填列。

③"本月实际"，是根据本月产品成本计算单的资料填列。

（5）"本年累计总成本"项目

①"按上年实际平均单位成本计算"是用本年累计实际产量乘以上年实际平均单位成本计算填列。

②"按本年计划单位成本计算"是用本年累计实际产量乘以本年计划单位成本计算填列。

③"本年实际"是根据本年成本计算单的资料填列。

2. 主要产品单位成本表的编制方法

主要产品单位成本表应按每种主要产品分别编制。

（1）"本月计划产量"和"本年累计计划产量"项目应根据本月和本年产品产量计划资料填列。

（2）"本月实际产量"和"本年累计实际产量"项目应根据统计提供的产品产量资料或产品入库单填列。

（3）"成本项目"项目应按规定进行填列。

（4）"主要技术经济指标"项目反映主要产品每一单位产量所消耗的主要原材料、燃料、工时等的数量。

（5）"历史先进水平"是指本企业历史该种产品成本最低年度的实际平均单位成本和单位产品实际耗用量，应根据历史成本资料填列。

（6）"上年实际平均"是指上年实际平均单位成本和单位耗用量，应根据上年度本表的本年累计实际平均单位成本和单位耗用量的资料填列。

（7）"本年计划"是指本年计划单位成本和单位耗用量，应根据年度成本计划中的资料填列。

（8）"本月实际"是指本月实际单位成本和单位耗用量，应根据本月完工的该种产品成本资料填列。

（9）"本年累计实际平均"是指本年年初至本月末止该种产品的实际平均单位成本和单位用量，应根据年初至本月末止已完工产品成本计算单等有关资料，采用加权平均计算后填列，其计算公式如下：

$$某种产品实际平均单位成本 = \frac{该产品累计总成本}{该产品累计产量}$$

$$某产品实际平均单位用量 = \frac{该产品累计总用量}{该产品累计产量}$$

需要注意的是，本表中按成本项目反映的"上年实际平均""本年计划""本月实际""本年累计实际平均"的单位成本合计，应与商品产品成本表中的各该单位成本的数字分别相等。

3. 制造费用明细表的编制方法

（1）"本年计划数"栏的各项数字根据制造费用预算中的有关项目数字填列。

（2）"上年实际数"栏的各项数字应根据上年本表的"本年累计实际数"填列。如果表内所列费用项目和上年度的费用项目在名称或内容上不相一致，应对上年的各项数字按照表内规定的项目进行调整。

（3）"本月实际数"各项数字应根据制造费用明细账上本月发生数填列。

（4）"本年累计实际数"各项数字填列自年初起至编报月末止的累计实际数，应根据"制造费用明细账"的记录计算填列，或根据本月实际数加上期本表的本年累计实际数填列。

4. 期间费用报表的编制方法

（1）"本年计划数"栏各项目数字根据本年度各项费用预算填列。

（2）"上年实际数"栏各项目数字根据上年度本表的"本年实际数"栏相应数字填列。如果表内所列费用项目与上年度的费用项目在名称和内容上不相一致，应对上年度的各项数字按本年度表内项目的规定进行调整。

（3）"本年实际数"栏各项目数字根据本年度"管理费用明细账""财务费用明细账"和"销售费用明细账"中各项费用的累计数填列。

三、成本分析

（一）成本分析方法

成本分析常用的方法主要有比较分析法、比率分析法和因素分析法三种，其中因素分析法是揭示某一成本因素变化对综合成本影响的一种方法，是寻找成本管理出现问题根源的一种方法，在使用中注意该方法的一般步骤和需要注意的基本要点。

（二）成本分析的基本程序

成本分析的基本程序应是确定分析工作各个步骤的名称、顺序、内容和要求，一般分为分析准备阶段、分析实施阶段和分析报告阶段。成本分析准备阶段，主要是明确成本分析目的，确立成本分析标准和收集成本分析资料。成本分析实施阶段，主要包括报表整体分析，成本指标分析和基本因素分析。成本分析报告阶段，主要是得出成本分析结论，提出可行的措施和建议，编写成本分析报告。

（三）全部商品产品成本分析

全部商品产品成本分析主要包括全部商品产品成本计划的完成情况分析和全部商品产品成本计划完成情况的因素分析。全部商品产品成本计划的完成情况分析是一种总括性的分析，可以分别按产品品种和成本项目进行分析。全部商品产品成本计划完成情况的因素分析可以从产品产量、品种构成和单位成本三个因素进行分析，其中单位成本因素还可以进一步按成本项目进行分析。

(四) 产品单位成本分析

产品单位成本分析主要有两方面内容，一是产品单位成本计划完成情况分析，即总括分析产品单位成本及其各成本项目的升降情况；二是产品单位成本各主要项目分析，即按照直接材料，直接人工和制造费用等主要成本项目对产品单位成本进行分析。

基本名词概念

（1）成本报表是指根据企业日常成本核算和计量的有关资料编制的，用来反映企业某一时期的产品成本构成及其变化，以及企业费用预算和产品成本计划执行情况的书面性报告文件。

（2）商品产品成本表是指反映企业在报告期内生产的全部商品产品的总成本和各种主要产品的单位成本和总成本的报表。

（3）主要产品单位成本表是指反映企业在报告期内生产的各种主要产品单位成本的构成情况和各项主要技术经济指标执行情况的报表。

（4）制造费用明细表是指反映工业企业在报告期内发生的制造费用及其构成情况的报表。

（5）期间费用报表是指反映企业在报告期内发生的管理费用、财务费用和销售费用的报表。

（6）成本分析是指根据成本核算资料和成本计划资料及其他有关资料，运用一系列专门方法，揭示企业费用预算和成本计划的完成情况，查明影响成本计划和费用预算完成的原因，计算各种因素变化的影响程度，寻求降低成本、节约费用的途径，以便进一步认识和掌握成本变动的规律，充分挖掘企业内部降低成本潜力的一项专门工作。

（7）比较分析法是指通过指标对比，从数量上确定差异的一种分析方法。

（8）比率分析法是指通过计算和对比经济指标的比率来进行分析的一种方法。

（9）因素分析法又称连环替代法，是指顺序用各项因素的实际数替换基数，用来计算某项经济指标各影响因素的变动对该项指标影响程度的一种方法。

练 习 题

一、单项选择题

1. 成本报表作为内部报表，其种类、项目、格式和编制方法，由（　　）确定。
   A. 企业自行　　　　　　　　　　B. 主管企业的上级机构
   C. 财政部门　　　　　　　　　　D. 审计部门

2. 用来计算若干个相互联系的因素，对综合经济指标变动影响程度的一种分析方法是（　　）。
   A. 对比分析法　　　　　　　　　B. 比率分析法
   C. 连环替代分析法　　　　　　　D. 差额计算分析法

3. 产量变动之所以影响产品单位成本，是由下述原因（　　）造成的。
   A. 产品全部成本中包括了一部分变动费用

B. 产品全部成本中包括一部分相对固定的费用
C. 是指产品总成本不变动的情况下
D. 是指产品产量增长超过产品总成本增长的情况下

4. 将两个性质不同但又相关指标对比求出的比率，称为（　　）。
   A. 构成比率　　　　　　　　　　B. 相关指标比率
   C. 动态比率　　　　　　　　　　D. 效益比率

5. 在影响因素只有两个时更为适用的分析方法是（　　）。
   A. 对比分析法　　　　　　　　　B. 比率分析法
   C. 连环替代分析法　　　　　　　D. 差额计算分析法

6. 通过计算某项经济指标的各个组成部分占总体的比重，即部分与全部的比率，进行数量分析的方法是（　　）。
   A. 构成比率分析法　　　　　　　B. 相关指标比率分析法
   C. 动态比率分析法　　　　　　　D. 对比分析法

7. 产值成本率是产品总成本与下列指标的比率（　　）。
   A. 总产值　　　　　　　　　　　B. 净产值
   C. 商品产值　　　　　　　　　　D. 总产值或商品产值

二、多项选择题

1. 主要产品单位成本表反映的单位成本，包括（　　）。
   A. 同行业同类产品实际　　　　　B. 上年实际
   C. 本年计划　　　　　　　　　　D. 本本年累计实际平均

2. 企业成本报表是（　　）。
   A. 能综合反映报告期内的产品成本水平
   B. 评价和考核各成本中心成本管理业绩的重要依据
   C. 确定奖惩的依据
   D. 进行成本差异分析的依据

3. 指标对比的主要形式有（　　）。
   A. 实际与计划指标对比　　　　　B. 本期实际与上年同期实际指标对比
   C. 本期实际与同行业先进水平对比　D. 本期实际与历史最好水平对比

4. 成本报表一般包括（　　）。
   A. 产品生产成本表　　　　　　　B. 主要产品单位成本表
   C. 制造费用明细表　　　　　　　D. 产品销售费用明细表

5. 连环替代法的特征有（　　）。
   A. 计算程序的连环性　　　　　　B. 替代计算的顺序性
   C. 计算结果的假定性　　　　　　D. 计算结果的真实性

6. 成本报表的分析方法包括（　　）。
   A. 对比分析法　　　　　　　　　B. 比率分析法
   C. 连环替代分析法　　　　　　　D. 差额计算分析法

7. 影响可比产品成本降低率变动的因素有（　　）。
   A. 产品产量　　　　　　　　　　B. 产品价格

C. 产品品种构成　　　　　　　　　D. 产品单位成本
8. 比率分析法主要有（　　）三种。
   A. 相关指标比率分析法　　　　　B. 构成比率分析法
   C. 动态比率分析法　　　　　　　D. 连环替代分析法
9. 下列（　　）属于影响产品单位成本的技术经济指标。
   A. 劳动生产率　　　　　　　　　B. 设备利用率
   C. 合格品率　　　　　　　　　　D. 动态比率
10. 直接影响单位产品原材料费用变动的因素主要有（　　）。
    A. 单位产品原材料消耗数量的变动　　B. 原材料采购方式的变化
    C. 原材料库存保管的质量　　　　　　D. 原材料价格的变动

三、判断题

1. 成本报表是对内还是对外，由企业自行决定。（　　）
2. 差额计算法是连环替代法一种简化形式。（　　）
3. 企业的成本报表均是定期编制的。（　　）
4. 技术经济指标变动对产品成本的影响，主要表现在对产品单位成本的影响。（　　）
5. 成本分配和计算方法一经确定就不能改变。（　　）
6. 差额计算法适合同质指标的数量对比。在其他条件不变的前提下，合格品率提高会引起产品单位成本的降低。（　　）
7. 影响产品成本降低额指标变动的因素有产品产量、产品品种结构和产品单位成本。（　　）
8. 成本报表的种类、内容和格式较为自由。（　　）
9. 采用比率分析法，先要把对比的数值转换为相对数，再求出比率。（　　）
10. 构成比率是计算某项指标的各个组成部分占总体的比重。（　　）

四、计算题

1. 全部商品产品生产成本计划完成情况分析
(1) 全部商品产品生产成本表（按产品种类反映）如表 16-1 所示。

表 16-1　全部商品产品生产成本表
（按产品种类反映）　　　　　　　　　金额单位：元

产品名称	计量单位	实际产量	单位成本			总成本		
			上年实际平均	本年计划	本期实际	按上年实际平均单位成本计算	按本年计划单位成本计算	本期实际
甲	件	30	700	690	680			
乙	件	35	900	850	830			
丙	件	20	—	400	460	—		
全部产品	—	—	—	—	—			

(2) 产值成本率计划数为 60 元/百元，商品产值本月实际数按现行价格计算为 102 000 元。

要求：

(1) 计算并填列全部产品生产成本表（按产品种类反映）中总成本各栏数字。

(2) 计算全部商品产品成本实际降低额和实际降低率。

(3) 分析全部产品生产成本计划的完成情况和产值成本率计划的完成情况。

2. 主要产品单位成本表分析

某企业甲产品单位成本的资料如表 16-2 所示。

表 16-2 主要产品单位成本表

产品：甲　　　　　　　　　　　　　　　　　　　　　　　　　　　　金额单位：元

成 本 项 目	上年实际平均	本 年 计 划	本 年 实 际
直接材料	1 862	1 890	2 047
直接人工	150	168	164
制造费用	248	212	209
合　计	2 260	2 270	2 420
主要技术经济指标	用量	用量	用量
原材料消耗量/kg	950	900	890
原材料单价	1.96	2.1	2.3

要求：

(1) 分析甲产品单位成本变动情况。

(2) 分析影响直接材料费用变动的因素和各因素变动的影响程度。

练习题参考答案

一、单项选择题

题号	1	2	3	4	5	6	7
答案	A	C	B	B	D	A	C

二、多项选择题

题号	1	2	3	4	5
答案	ACD	ABCD	ABCD	ABCD	AB
题号	6	7	8	9	10
答案	ABCD	ACD	AB	BC	AD

三、判断题

题号	1	2	3	4	5	6	7	8	9	10
答案	√	√	×	×	×	√	√	√	×	√

四、计算题

1. （1）全部商品产品生产成本表（答案）如表 16-3 所示。

表 16-3　全部商品产品生产成本表
（按产品种类反映）（答案）　　　　　　　金额单位：元

产品名称	计量单位	实际产量	单位成本			总成本		
			上年实际平均	本年计划	本期实际	按上年实际平均单位成本计算	按本年计划单位成本计算	本期实际
甲	件	30	700	690	680	21 000	20 700	20 400
乙	件	35	900	850	830	31 500	29 750	29 050
丙	件	20	—	400	460	—	8 000	9 200
全部产品	—	—					58 450	58 650

（2）全部产品生产成本计划完成情况：

$$58\,650 - 58\,450 = +200（元）（超支）$$

$$200/58\,450 = +0.34\%（超支）$$

产值成本率计划数为 60 元/百元，实际数为：

$$58\,650/102\,000 \times 100 = 57.5（元/百元）$$

（3）本月全部产品实际总成本虽然比计划超支，但本月商品产值也大，从产值成本率分析来看，企业本月生产耗费的经济效益是好的。总成本超支主要是由于丙产品成本超支，而可比产品甲、乙产品成本都是降低的。

2. （1）甲产品单位成本变动情况分析。本期实际单位成本比上年实际增加 160（2 420-2 260）元，即 7.08%；比本年计划增加 150（2 420-2 270）元，即 6.61%。

（2）直接材料费用变动情况分析。直接材料费用实际比计划增加 157（2 047-1 890）元，其中：

① 由于材料消耗数量降低而节约的直接材料费用：

$$(890-900) \times 2.1 = -21（元）$$

② 由于材料价格上涨而超支的直接材料费用：

$$(2.3-2.1) \times 890 = +178（元）$$

两项因素变动使直接材料费用实际比计划增加 157（178-21）元。

参 考 文 献

[1] 陈云. 成本会计学案例分析［M］. 上海：立信会计出版社，2015.

[2] 万寿义，任月君，李日昱. 成本会计习题与案例［M］. 5版. 大连：东北财经大学出版社，2019.

[3] 马赫. 成本会计：为管理创造价值［M］. 姚海鑫，等译. 5版. 北京：机械工业出版社，1999.

[4] 布洛切，等. 成本管理——战略与概论［M］. 高晨，王娟，译. 北京：华夏出版社，2002.

[5] 汉森，莫文. 成本管理——决算与控制［M］. 王光远，等译. 北京：中信出版社，2003.

[6] 欧阳清，杨雄胜. 成本会计学［M］. 北京：首都经济贸易大学出版社，2003.

[7] 王立彦，刘志远. 成本管理会计［M］. 北京：经济科学出版社，2000.

[8] 库珀，等. 成本管理系统设计：教程与案例［M］. 王立彦，等译. 大连：东北财经大学出版社，2003.

[9] 焦跃华. 成本会计学［M］. 北京：中国财政经济出版社，2002.

[10] 徐政旦. 成本会计［M］. 上海：上海三联书店，1995.

[11] 张鸣. 成本会计：侧重于管理［M］. 上海：上海三联书店，2002.

[12] 张培莉，王俊秋. 新编成本会计学［M］. 广州：华东理工大学出版社，2002.

[13] 陈珂. 成本会计学［M］. 北京：经济科学出版社，2002.

[14] 黄毅勤，刘志翔. 成本会计学［M］. 北京：首都经济贸易大学出版社，2001.

[15] 王盛祥. 成本会计学［M］. 大连：东北财经大学出版社，1997.

[16] 李连燕，等. 成本会计［M］. 北京：经济科学出版社，2001.

[17] 刘希宋，等. 作业成本法——机理、模型、实证分析［M］. 北京：国防工业出版社，1999.

[18] 獐子岛集团股份有限公司. 关于收到中国证券监督管理委员会行政处罚及市场禁入事先告知书［EB/OL］．（2019-07-11）［2020-09-01］. http：//www.cninfo.com.cn/new/disclosure/detail?stockCode=002069&announcementId=1206438768&orgId=9900000781&announcementTime=2019-07-11.

[19] 刘运国，梁得荣，等. 管理会计前沿［M］. 北京：清华大学出版社，2003.

[20] 周朝琦，等. 目标成本管理［M］. 北京：经济管理出版社，2000.

[21] 卡普兰，阿特金森. 高级管理会计［M］. 3版. 北京：清华大学出版社，1998.

[22] 秦毅. 成本会计学［M］. 徐州：中国矿业大学出版社，1994.

[23] 欧阳清. 成本会计学［M］. 大连：东北财经大学出版社，2001.

[24] 林万祥. 质量成本管理论［M］. 北京：中国财政经济出版社，2002.

[25] 李守明. 成本与管理会计［M］. 武汉：武汉大学出版社，2002.

[26] 谌新民，刘善敏. 人力资源会计（人力资源管理实战精解——第二辑）［M］. 广州：广东经济出版社，2002.

[27] 张文贤. 人力资源会计［M］. 大连：东北财经大学出版社，2002.

[28] 张涛. 管理成本会计［M］. 北京：经济科学出版社，2001.

[29] 中国会计学会. 中国会计理论研究丛书：人力资源会计专题［M］. 北京：中国财政经济出版社，1999.

[30] 亨格瑞，达塔尔，福斯特，等. 成本与管理会计［M］. 王立彦，刘英文，罗炜，译. 13版. 北京：中国人民大学出版社，2012.

[31] 巴费尔德，贝博恩，金尼. 成本会计：传统与变革［M］. 熊焰韧，刘波，译. 5版. 北京：经济科学出版社，2006.

[32] 于富生,等. 成本会计学学习指导书 [M]. 6版. 北京：中国人民大学出版社, 2013.
[33] 王华. 企业物流成本控制研究 [M]. 北京：北京大学出版社, 2008.
[34] 易华, 李伊松. 物流成本管理 [M]. 2版. 北京：机械工业出版社, 2009.
[35] 鲍新中, 李晓非. 物流成本管理：理论与实务 [M]. 北京：机械工业出版社, 2011.
[36] 郭士正,等. 物流成本管理 [M]. 北京：北京交通大学出版社, 2011.
[37] 丁元霖. 成本会计（第2版）习题与解答 [M]. 上海：立信会计出版社, 2010.
[38] 潘飞. 成本会计 [M]. 大连：东北财经大学出版社, 2012.
[39] 王立彦,等. 成本会计：以管理控制为核心 [M]. 2版. 上海：复旦大学出版社, 2011.
[40] 莱恩, 安德森, 马厄. 成本会计精要·习题集 [M]. 刘霄仑, 朱晓辉, 译. 2版. 北京：人民邮电出版社, 2012.
[41] 潘飞, 乐艳芬. 成本会计习题与案例集 [M]. 5版. 上海：上海财经大学出版社, 2018.
[42] 于富生, 黎来芳.《成本会计学》学习指导书 [M]. 8版. 北京：中国人民大学出版社, 2018.